# 잘 팔리는
# 팝업스토어의
# 19가지 법칙

# 잘 팔리는 팝업스토어의 19가지 법칙

조명광 지음

힙한 브랜드를 만드는
공간 브랜딩의 모든 것

STORE!

프리체

Prologue :
# 이야기가 있는 공간의 힘

팝업스토어에 관한 책을 내고 싶었다. 근래 들어서 팝업 스토어가 브랜드의 인지도를 높이고 상품의 가치와 본질을 나누는 행위로 유통의 핵심 요소이자 시장에서의 강력한 무기로 자리 잡았기 때문이다. 마침 사무실이 있는 성수에는 하루가 멀다하고 여러 장르의 팝업스토어가 열리고 있었다. 오감이 즐거운 곳에 가 보지 않을 이유도 없을 뿐더러 마케팅으로 오래 밥벌이를 해 온 사람으로서 이는 그냥 지나칠 수 없는 아이템이었다.

이와 동시에 팝업스토어에 대한 기록을 인증의 글로만 남기기보다 그 본질을 더 파헤쳐 보고 싶었다. 그리고 여러 사람들이 정성 들여서 만든 팝업스토어가 그것의 운명처럼 사라져 버리기보다 누군가 이를 기록으로 남겼으면 하는 마음도 있었다. 이 책을 통해 앞으로 팝업스토어를 운영하려는 마케터에게는 레퍼런스를, 데이트 장소나 색다른 놀이 문화로 팝업스토어

5

즐기는 일반인에게는 더 재밌게 즐길 수 있는 팁을 제공하고자 한다.

공간을 채운다는 일은 매우 어려운 일이다. 과거 시장에서는 공간이 유통되는 상품이나 서비스를 채우고 훈련된 직원이 손님을 응대하는 정도의 역할을 했다. 하지만 지금의 공간은 VMD(Visual Merchandising) 디자이너가 그린 공간의 콘셉트를 바탕으로, 정해진 시간 동안 우리가 들려주고 싶은 이야기가 지루하지 않고 강렬한 기억으로 저장될 만한 경험을 제공해야 한다. 다시 말하면 공간은 이야기로 채워져야 한다. 공간안에서 소비자들과 함께 자신들의 이야기를 만들고 공간 밖에서 그곳에서의 경험을 우리들의 이야기로 재생산한다.

이야기는 인류 역사에서 가장 잘 팔린 돈벌이 수단이다. 성경은 인류 역사상 가장 많이 팔린 기독교의 이야기이고, 해리포터는 영국이 콘텐츠의 나라임을 온 세상에 증명했으며, 디즈니는 머릿속 이야기를 현실로 구현하여 전 세계 어린이들의 동심을 지키고 있다. 이제 공간도 그 공간이 가진 이야기를 펼치고 판다. 공간에 스토리가 없으면 재미가 없어 소비자는 그 공간을 다시는 찾지 않는다. 쉽게 말해서 돈이 되지 않는다는 뜻이다.

마케팅과 관련된 일을 오래 하다 보니 기획자의 의도가 눈에 보일 때가 있다. 요즘처럼 유행이 눈 깜빡할 사이에 변하는 세상에서 MZ세대 중심의 사고와 발상을 다 따라가기는 물리적으로나 정신적으로나 쉽지 않다. 그럼에도 불구하고 마케터로서 지내 온 경험과 시간을 바탕 삼아 현재 공간과 팝업스토어는 시장에서 어떤 의미를 가지고 있으며, 어떻게 하면 소비자를 끌어들일 만큼 매력 있는 공간과 팝업스토어로 만들 수 있을지 함께 고민해 보고자 한다.

온라인이 시장의 절반을 채우는 세상이 되었다. 세계 최대 전자상거래 업체 아마존이 부상하며 아마존드(Amazoned)라는 신조어가 생겼다. 아마존드란, 오프라인 매장이 아마존에 의해 사라지는 현상을 뜻하는 단어다. 아마존이 온라인 거래라는 개념을 도입한 이후, 이제 생활용품 같이 평범한 상품은 온라인에서도 충분히 거래가 가능한 세상이 되었다. 오프라인 매장의 생존은 쉬운 일이 아니게 되었다.

그럼에도 불구하고 오프라인은 여전히 중요하다. 사람들은 오프라인 공간에서 살아가고 있고, 아직까지 인간의 오감과 감정적 울림은 온라인에서 충분히 구현할 수 없다. 상품에 깃든 가치와 철학, 그리고 서사는 온라인에서 다 보여 주기 부족하다. 특히 소비자와 감성적 관계를 맺기 어렵다. 오프라인 공간이 생존하려면 기존의 방식대로 기획되거나 유지되어서는 안 된다. 앞으로 오프라인의 모든 공간은 팝업스토어처럼 운영되어야 한다. 신선하고 즐겁고 오감을 자극하며 새로운 관계를 만드는 커뮤니티 같은 공간이어야만 소비자에게 선택받을 것이다.

공간 기획은 공간 설계와 전혀 다르다. 공간 설계가 공간의 구조를 만든다면 공간 기획은 공간을 무엇으로, 어떻게 채우는가 등의 전반적인 콘텐츠를 다룬다. 공간 설계는 일단 구조화하면 바꾸기가 쉽지 않지만, 공간 기획은 시시때때로 공간의 옷을 바꿔 준다. 공간이 살아 있으려면 공간 기획을 해야 하는데 요즘 그 일을 가장 많이 하는 곳이 팝업스토어다. 팝업스토어는 단기간에 많은 것들을 고객에게 전달해야 하기 때문에 사전 준비가 더더욱 많이 필요하고, 고객의 여정을 세심하게 준비하여 만반의 준비를 하고 물리적 요소들을 채워야 한다.

팝업스토어가 짧게는 3일, 길게는 몇 달 동안 한 장소에서 운영되는 동안 소비자가 찾아와야 한다. 찾아오게 하는 것은 찾아가는 것보다 몇 배는 어렵다. 특히 유동 인구가 많지 않은 곳에 위치한다면 소비자가 그곳을 꼭 찾아가야 하는 이유를 만들어 주어야 한다.

공간을 바라보는 시선은 같은 마케터라 하더라도 직장인의 입장인지, 사업가의 입장인지, 외부인의 입장인지에 따라 천차만별로 나뉜다. 외부인의 시각에서 바라보면 그 안에서는 발견할 수 없던 것들을 더 자세히 보게 해 주고, 다양하게 체험케 해 준다는 장점이 있다. 이런 차이점과 인사이트를 직접 찍은 사진을 활용해 적절한 글의 형태로 오랫동안 남기고 싶었다.

이 책에 등장하는 팝업스토어를 가 본 사람은 새록새록 그때의 기억을 되살려 즐겨 보고, 못 가 본 사람은 간접적으로나마 그 시간과 공간을 경험할 수 있다면 그 이상의 목표는 없다. 지금도 매일 매일 새로운 팝업스토어가 열리고 문을 닫는다. 그 과정에서 기획자와 마케터들이 고객의 감정을 움직일 수 있는 스토리와 오브제를 채우길 바란다.

나를 아는 모든 이들이 영감을 주기에 한 분 한 분 인사를 드리고 싶지만, 그러지 못 하는 점에 양해를 구한다. 마지막으로 사랑하는 진앤준 패밀리, 디트리스, 코네이스 임직원들에게 감사함을 표한다. 그리고 졸필을 선택하고 작업해 준 포르체 박영미 대표와 직원들에게도 고마운 마음을 전한다.

# Contents

## 2장 브랜딩의 법칙

## 5장 경영의 법칙

# 1장

# 팝업스토어 흥행 전략

# 공간이 가진 힘

우리가 흔히 쓰는 단어이자 우리가 살아가는 곳이 바로 공간이다. 공간은 한자로는 빌 공(空), 사이 간(間)을 쓴다. 사전적 의미로만 보면 비어 있는 곳이지만 우리는 물체들이 채워져 있어도 공간이라고 하고, 물체를 채워야 하는 곳도 공간이라고 한다. 반드시 비어 있어야만 공간이라는 의미가 있는 것은 아니라는 뜻이다. 과거의 공간도 지금의 의미와 큰 차이는 없었다. 변한 것이 있다면 맹수나 자연 현상으로부터 사람을 지켜 주는 원초적 개념에서 삶의 유희를 채우는 개념으로 확장되었다는 점이다. 농경 시대에는 휴식처인 동시에 생산 기지였던 공간이 산업화 시대에는 일과 삶이 분리되면서 안식을 누리는 곳과 생산하는 곳으로 나뉘기 시작했다. 시장의 관점에서도 공간의 개념은 많이 바뀌었다. 과거의 시장에서 공간은 물물교환이 이뤄지거나 화폐로 물건을 사고파는 곳이었다. 현대 시장에서 공간은 어떠한가?

마케팅 경로에서 보면 생산 시설이 있는 공간과 유통이 진행되는 공간이 있다. 특히 백화점, 대형 마트를 비롯한 유통 공간은 단순 거래의 장소를 벗어나 유희 공간으로서 역할까지 하고 있다. 이들은 스타필드나 더현대 서울을 거치며 거래처로서의 역할과 재화와 서비스가 지니고 있는 가치를 극대화하는 경험의 공간이 되었다.

팬데믹 이후 이러한 경향은 더욱 강해졌다. 코로나가 발병한 후 사람들은 외출을 금기시하며 재택근무를 하게 되었고, 이에 오프라인 매장들은 어려움을 겪었으며 온라인 매장들은 환호성을 불렀다. 그로 인해 집이라는 공간과 관련된 업종들은 성장하고 온라인몰은 몰려오는 고객들로 발전과 확장의 흐름에 올라 탔다. 하지만 코로나 종식이 선언되자 온라인의 상승세는 주춤하고 오프라인이 다시 주목받기 시작했다. 집안에 갇혀 있던 인간의 본성이 깨어나 여행하고, 새로운 것들을 보고, 만지고, 느끼며 즐거운 삶을 살아가길 바라게 되었다. 관광수지 적자를 걱정해야 할 만큼 해외여행객 수가 폭증했고, 백화점과 마트에는 다시 사람들의 발길이 몰려들었다.

코로나가 소비자들에게 공간이란 어떤 의미인지를 새삼

17

절감하게 해 주었다. 약 2~3년간 좁은 집에 갇혀 있던 시간은 세상의 소비 트렌드를 뒤바꿨다. 소비자들은 이 공간을 위해 인테리어를 새로 하고 가구와 가전제품을 바꾸고 인테리어 소품을 사들였다. 넷플릭스를 즐기는 공간과 홈 트레이닝하는 공간뿐만 아니라 차를 마시는 공간까지 만들며 공간감을 느끼려고 했지만 그 한계는 명확했다. 엔데믹 이후 소비자들은 온라인에서의 경험 여정은 그대로 유지하고, 오프라인도 그 여정에 심리스(Seamless)하게 스며들길 바라게 되었다. 그리고 이제는 온라인에서 쉽게 느끼지 못하는 오프라인의 공간감과 그 안에 존재하는 콘텐츠에 열광한다.

이제 기업들은 공간이 콘텐츠와 같은 뜻을 가지게 되었음을 앎과 동시에 오프라인 공간을 콘텐츠로 채워야 함을 배웠다. 스타벅스는 북한산과 경동시장에 문을 열고 서울 근교에는 대형 카페들이 진을 치고 있다. 동대문디자인플라자(DDP)에서 열리는 전시는 사람들로 북적이며, 해변과 산자락은 텐트와 캠핑카들이 점령하였다. 이 모든 공간을 구성하는 핵심은 결국 콘텐츠다.

팝업스토어라는 공간은 이 변화의 최첨단을 걷고 있다. 팝업스토어는 그 존재 자체로 다양한 역할을 수행할 수 있는 곳이다. 하지만 어떤 곳에서도 바뀌지 않는 한 가지 역할이 있다면 그것은 바로 소비자에게 즐거운 경험과 긍정적 태도를 만들어 주어야 한다는 사명이다. 그래서 새로운 상품이나 서비스를 선보이고 최신 기술을 전시하고 브랜드의 모든 것을 경험으로 만들어 내놓는다. 단순한 공간이 아닌, 콘텐츠가 경험이 되는 곳이다.

공간과 함께 빼놓을 수 없는 단어가 시간이다. 인문학적인 관점에서 바라보면 공간을 지배하는 것은 시간이다. 공간이 의미를 갖기 위해서는 사람이 가진 시간을 나눠야 한다. 그곳이 거기에 있다는 사실만으로는 의미를 가질 수 없다. 즉, 팝업스토어의 진정한 의미는 공간을 꾸미는 것이 아니라 소비자와 시간을 함께한다는 목적에서 시작한다는 뜻이다. 또한 시간은 누적된 가치의 합이기도 하다. 이를 헤리티지(Heritage) 또는 역사라고 하는데, 브랜드가 풍성해지려면 시간의 누적이 필요하다. 하지만 신규 브랜드나 신생 기업은 헤리티지가 없다. 헤리티지가 없다는 것은 공간을 채울 이야깃거리가 부족하는 뜻이다. 비록 역사는 짧을지라도 공간을 활용하는 영민함으로 이를 보란 듯이 파괴한 공간들이 있다.

젠틀몬스터와 탬버린즈, 그리고 누데이크를 운영하는 아이아이컴바인드는 2011년에 시작되었다. 이 회사는 예술이라는 무기와 공간 기획에 대한 대대적인 투자로 단숨에 오래된 브랜드 못지 않게 스토리와 콘텐츠를 가진 '힙한' 브랜드의 반열에 올랐다. 전략적으로 기획한 공간에 브랜드의 철학을 녹이고 예술적 감각을 더해 상품에 무형의 가치를 더한 것이다.

이는 시장에서 통했고 지금은 패션 뷰티 브랜드로서 독보적인 위치를 선점하고 있다.

단기간 성장한 브랜드가 유럽의 명품 브랜드를 뛰어넘는다는 것은 쉬운 일이 아니었다. 원래 백화점 1층 선글라스 코너는 해외 브랜드의 차지였다. 지금은 젠틀몬스터가 가장 좋은 자리를 차지하고 있고 소비자도 몰린다. '블랙핑크 제니의 브랜드', '손흥민이 손잡은 브랜드', '펜디와 몽클레르와 협업하는 브랜드'라는 다양한 스토리를 시간과 공간에 엮고 있다.

젠틀몬스터도 하루아침에 성장한 것은 아니다. 안경의 경쟁 업체는 셀 수 없이 많았다. 그래서 제품의 완성도는 기본으로 갖춘 후 제품을 어디서 보게 할지, 그리고 고객들이 제품을 접하는 곳에서 어떤 경험을 하게 할 것인지를 고민했다. 이 고민을 기반으로 2014년 4월 홍대에 쇼룸을 오픈했다. 거대한 콘크리트 덩어리에 헐크가 뚫고 지나간 것 같은 이미지로 지나가는 사람들의 시선을 사로잡았다. 3층 규모로 1층 퀀텀 프로젝트 쇼룸부터 시작해 1-3-2층으로 돌아보게 기획했다. 안경 브랜드라고 생각하고 간 소비자들이 상품 대신 다양한 전시물들이 들어앉아 있는 매장의 모습을 보고 브랜드에 호기심을 느끼도록 유도한 것이다. 그리고 25일을 주기로 공간을 새롭게 변화시키며 완성도 높은 공간 연출로 끊임없이 소비자들을 불러들였다. 다양한 아티스트와 콜라보레이션을 하여 아티스트의 작품과 그들의 안경을 동급으로 만든 것이다. 이렇게 젠틀몬스터는 기존의 안경 브랜드들이 안경점에 입점하는 시스템을 파괴해 버렸다.

이들이 택한 또 하나의 전략은 공간을 함께할 파트너를 잘 찾아서 자신의 스토리를 공유하는 것이다. 기본적으로 유명 작가의 작품이나 미디어 아트로 공간을 채워 소비자의 눈

'제니 선글라스'로 불리는 젠틀몬스터는 제니와 2020년과 2022년 두 차례 콜라보레이션했다.

길을 사로잡았다. 이를 통해 '유행을 따르는 이들이라면 한 번은 가 보고, 인스타그램 인증을 해야 하는 곳'이라는 프레임을 씌웠다. 그리고 스토리가 있는 브랜드를 찾아 협업함으로써 부족한 부분을 채워 갔다. 이는 지금까지 젠틀몬스터와 탬버린즈의 유일무이한 공간 전략으로 자리 잡았고, 이 이야기를 바탕으로 역사를 쌓고 있다.

젠틀몬스터는 현재 백화점, 쇼룸 등 곳곳에 다른 주제를 가지고 전시하고 있다. 해마다 준비하는 컬렉션과 공간을 연결하여 주제를 정한 후, 다양한 세계관을 창조하고 그에 어울리는 오브제들로 그 이야기를 발산한다. 이런 과정을 10년 동안 지속한 결과, 젠틀몬스터라는 브랜드와 젠틀몬스터의 공간은 하나의 결합체처럼 보인다. 이것이 바로 젠틀몬스터가 공간을 지배하는 방식이다.

# 팝업스토어의 시작

팝업스토어가 정확하게 언제 시작되었는가를 가늠하는 것
은 불가능하다. 팝업(Pop-Up)은 '갑자기 일어나다'라는 뜻의
영단어다. 현대는 개인이나 공공의 땅에 노점을 하는 것이 불
법이지만 아주 오랜 옛날 사람들이 다니는 길이나 공터에 노
점을 운영했다. 그러다가 장사가 안 되어서 짧게 운영했던 매
장도 팝업스토어일 것이고, 우리나라의 전통 시장 중 상설 시
장이 아닌 오일장도 팝업스토어라고 할 수 있다. 단기 소매점
의 형식은 1298년 비엔나의 크리스마스 시장에서 시작되었다.
비엔나뿐만 아니라 유럽 전반에는 12월 한시적으로 운영하는
크리스마스 마켓이 열렸고, 그곳에서는 할로윈 의상 및 계절
음식과 화약을 판매해 불꽃놀이를 같이 즐길 수 있었다.[*] 국내

[*]  김서진, "MZ세대의 취향을 저격하는 '핫플레이스'로 거듭나다, '팝업
     스토어'의 똑똑한 활용", 핸드메이커, 2022년 12월 30일, https://
     www.handmk.com/news/articleView.html?idxno=14458

유통업체들도 예전부터 마련해 온 행사장이나 MD 개편으로 빈자리에 잠시 매장을 내는 것이 자연스러운 일이었으니 그 역사를 추적하는 것은 무의미한 일이다.

팝업스토어의 의미가 바뀌기 시작한 것은 그리 오래된 일은 아니다. 지금의 팝업스토어 형태가 등장한 것은 2002년 미국의 타깃(TARGET)이라는 대형 할인점이 뉴욕시에 팝업스토어를 최초로 선보였던 것이 시작이라고 알려져 있다. 이를 기점으로 지금은 기존의 유통 업체 내에 존재하던 단기 소매점 운영 방식에서 벗어났다. 그리고 번화한 거리나 타깃 고객이 몰려 있는 지역에 짧은 기간 브랜드를 소개하거나 일부 고객에게 한정 상품을 내놓는 방식으로 변화하였다. 지금은 다양한 형식의 팝업스토어가 성수, 홍대, 강남, 도산, 가로수길, 연남 등에 매일 새로 등장한다고 해도 과언이 아니다. 이 지역에서 벗어나 새로운 '핫 플레이스(이하 핫플)'이 되고 있는 삼각지나 신당 부근으로도 활동 반경이 확장되고 있다.

팝업스토어는 상시로 열려 있는 매장이 아닌 짧은 기간 내 브랜드가 일정한 목표를 이루기 위해 만드는 테스트베드(Test Bed) 또는 전초기지라 정의할 수 있다. 그리고 이런 팝업스토어는 매력적인 콘텐츠를 가지게 되면서 IP(지적재산권, Intellectual Property)가 되기도 한다. 시몬스는 2018년 이천 공장 주변에 복합문화공간 시몬스 테라스를 열었다. 이를 계기로 시몬스의 제품을 홍보할 뿐만 아니라 전시, F&B, 문화 행사 등 각

양각색의 콘텐츠를 구성해 공간에 의미를 부여하고 고객에게 새로운 이야기를 들려주었다. 이후 2020년 4월 성수 시몬스 하드웨어 스토어를 시작으로 부산 하드웨어 스토어, 시몬스 그로서리 스토어 청담으로 진화하면서 그들만이 가진 콘텐츠의 힘을 쌓기 시작했다. 총 3년간 진행했던 이 프로젝트는 누적 방문객 20만 명을 돌파하고 매출은 약 11억 원을 달성하며 성공적으로 마무리지었다.

이처럼 과거에는 팝업스토어가 단기 소매점을 대신하는 의미였다면 현재는 브랜드 경험이나 새로운 상품의 소개, 이벤트를 통한 소비자와의 커뮤니케이션 등의 임무를 수행한다고 보는 게 더 적절하다. 온라인과 오프라인의 경계가 사라지고 온라인의 편리함은 나날이 발전하고 있다. 하지만 오프라인에서 오감으로 상품이나 서비스를 체험하고 감정적 연대감이나 만족감을 느끼고 싶은 것 역시 소비자의 마음이다.

팝업스토어가 최근에 더욱 이슈가 된 이유도 아이러니하지만 온라인 상점 발달의 반작용이라고 할 수 있다. 온라인에서 느낄 수 없는 경험과 감정을 오프라인 팝업스토어에서 느낄 수 있도록 시도하는 브랜드들이 생겨났고 이에 호응하는 소비자들이 팝업스토어에 몰리기 시작했다. 동시에 팝업스토어라는 공간에 매력을 느끼고 그곳에서의 체험 과정을 SNS에 공유하는 시류가 팝업스토어 붐을 형성하는 데 일조했다. 물론 모든 기업이나 브랜드가 만들고 소개하는 팝업스토어가 성공하거나 언론에서 회자되지는 않는다. 적절한 콘텐츠와 충성도 그리고 창의력과 완성도를 갖추고, 이에 따르는 비용이나 자원도 적절해야 성공이라는 타이틀을 얻을 수 있다.

　팝업스토어는 단기간에 짧게 보여 주는 형식이라 상설 매장을 변경하는 수고로움이 들지 않기 때문에 상설 매장에서는 보여 주기 힘든 다양한 시도를 할 수 있다는 장점이 있다. 사람들이 많이 몰리는 핫플을 선정하여 다양한 고객을 유입시킴으로써 각종 채널에 소비자의 자발적 콘텐츠가 올라오고 회자될 수 있는 것이다. 하지만 단기간 운영되기 때문에 좋은 콘텐츠임에도 오래 볼 수 없다는 아쉬움이 생기기도 하고, 들어간 비용에 비해 기대한 만큼 성과를 만들어내지 못할 수도 있다. 그래서 상설 매장보다 더 많이 고민해서 공간과 콘텐츠를 설계해야 한다. 팝업스토어의 성패를 좌우하는 MZ세대와 잘파(Zalpha)세대의 마음을 잡기 위해서는 단순하게 실행해선 안 되며, 이들의 시선을 사로잡기 위해 구체적으로 어떻게 하느냐가 중요하다.

　팝업스토어의 운영 원칙은 여느 소매업의 운영 원칙과 다름없다. 그중 첫 번째로 고려해야 하는 원칙은 바로 유동 인구가 얼마나 많은가이다. 온라인의 힘이 더욱 강해진 지금, 단순히 유동 인구 수에 집중할 것이 아니라 MZ세대가 어디에 얼마나 많이 모이는가를 더 중요하게 고려해야 한다. 이들은 온라인과 함께 태어나고 성장하여 오프라인의 경험이 상대적으로 적은 세대이다. 그리고 코로나라는 큰 장벽에 부딪혀 자택에서 근무하거나 교육을 받아 왔기 때문에 빗장이 풀리자마자 오프라인 공간으로 제일 먼저 달려 나온 사람들이다. 이들은 새로운 것과 각자의 취향에 민감하고 자신이 경험한 것을 전 세계에 공유함에 있어 어려움도, 두려움도 적다. 그리고 정보력으로 무장하여 베이비붐 세대나 X세대들과의 의사 결정 과정을 주도하는 정보 주도 세력이 되었다. 그렇기 때문에 이들의 관심과 사랑을 받지 못한 기업이나 브랜드는 위기를 겪을 수도 있다. 요즘 올드 인더스트리 기업이나 브랜드들이 MZ세대에게 정성을 들이는 이유이다.

MZ세대가 메인 타깃인 브랜드들은 팝업스토어를 열기만 해도 타깃 고객들이 몰려온다. 하지만 올드 인더스트리 브랜드들은 이들과 소통하고 새로운 고객으로 유입시키려면 과거의 공급자 마인드가 아니라 MZ세대의 마인드로 그들을 공략할 만한 전략을 가지고 기획해야만 그나마 관심을 받을 수 있다.

매일 수십 개의 팝업스토어가 열리고 닫히고 있어 벌써 현장 반응이 서서히 차가워진다는 이들도 있다. 그렇지만 AR(증강현실) 기술이나 VR(가상현실) 기술이 발달해 온라인으로도 오감을 생생하게 느낄 수 있는 때가 오기 전까지는 눈에 담고 향을 맡고 소리를 들으며 혀를 자극하는 오프라인 팝업스토어는 현재 진행형으로 살아 있을 것이다.

# 공간, 팝업스토어로 진화하다

공간은 진화해 왔다. 다양한 공간이 변화하면서 어느 순간부터 브랜드 하나를 넘어 유통과 시장 전반의 변화까지 야기하고 있다. 그 과정에서 가장 중요한 것은 기업들이 소비자의 지갑을 자연스럽게 열게 만드는 기술까지 섭렵했다는 것이다. 팝업스토어는 속도의 시대에 가장 잘 어울리는 공간 전략 중 하나다. 변화 속도에 맞춰 지갑이 열리는 시간도 빨라지고 있다. 빠르게 변하는 소비자의 입맛을 사로잡고 볼거리와 즐길거리를 무한 공급하기에 팝업스토어처럼 좋은 공간이 없다.

요즘 공간을 가장 잘 활용하고 있는 곳이 있는데, 그곳은 바로 전통적인 유통 강자인 백화점이다. 그중에 더현대 서울은 여의도라는 갇힌 공간에 파격적인 공간 연출과 다양한 장르의 팝업스토어를 열어 백화점의 올드한 이미지를 한 단계 진화시켰다는 평을 얻었다. 오픈 당시 온라인 시장에서 인기 있는 패션 브랜드를 13개 입점시키고, 팝업스토어를 통해 140여 개의 신진 브랜드를 소비자에 소개했다. 게다가 12m 높이의 인공폭포를 건물 1층 중심부에 배치하고, 창문을 두지 않는 기존의 법칙에서 벗어나 오픈형 천장을 도입하는 파격적인 시도를 했다. 이같이 혁신적인 공간 디자인으로 '리테일 테라피'라는 새로운 전략을 펼쳤다. 리테일 테라피는 유통(Retail)과 치유(Therapy)를 조합한 단어로 '쇼핑을 통한 힐링'을 의미한다.

더현대의 이런 행보에 소비자들은 운집했다. 여의도라는 핸디캡을 깨고 개점 1년 만에 매출 8,005억 원을 달성했으며, 2023년에는 20% 이상 성장하여 1조 원 클럽에 가입할 것이 확실시된다. 특히 '에루샤(에르메스, 루이비통, 샤넬)'라고 통칭되는 3대 명품이 없는 상황에서 나온 기록이라 그 의미가 남다르다. 또한 뉴진스와 같은 아이돌 그룹의 데뷔 행사나 인기 만화 〈슬램덩크〉, 힙합 가수 박재범이 런칭한 주류 브랜드 원소주 등 지속적으로 화제성을 가진 브랜드나 그룹과 함께 팝업스토어를 진행하면서

뉴진스는 신인 아이돌 그룹 최초로 앨범 발표와 동시에 팝업스토어를 열어 뮤직비디오 세트장을 만들고 다양한 공식 굿즈를 판매했다.

기존 백화점의 이미지를 깨고 MZ세대들의 성지가 되었다. 팝업스토어로만 올린 매출이 150억 원 정도로 추산되고 있다. 더현대 서울의 성공적인 행보를 보다 보면 백화점도 이제 예전처럼 영업하다가는 문을 닫을지 모르겠다는 생각이 든다.

팝업스토어는 이제 팝업(Pop-Up)하고 사라지는 매장이 아니다. 이미 장르가 되었고 전략이 되었다. 기존 매장들도 한번 자리 잡고 상품만 바꾸거나 일시적인 가격 할인으로 고객을 유혹하는 시대에 머물러서는 소비자의 외면을 받을 수밖에 없다. 항상 새로운 이야깃거리를 채울 마케팅 전략을 수립하고 소비자가 제 발로 찾아올 만한 화제성을 작든 크든 계속해서 만들어야 한다.

이미 소비자들은 정보 소비자에서 정보 생산자로 자리를 바꾸어 공급자보다 많은 정보를 찾고, 공유하고, 재생산한다. 이제 과거의 시장 규칙을 따라 일반적인 파이프라인 비즈니스 모델 구조를 계속 유지하겠다는 것은 기업 스스로가 시장에서 사라질 날을 넋 놓고 기다리는 것과 같다. 지금은 속도의 시대이자 취향의 시대이고, 모바일의 시대이다. 빠른 변화에 적응하지 못하는 오프라인은 도태될 수밖에 없다. 과거 고급화, 대형화 전략의 일환으로 문어발식 확장을 이어 가던 백화점은 주춤하고 있고, 명품과 MZ세대 취향을 겨냥한 백화점은 언제 위기가 있었냐는 듯 매출을 올리고 있다. 공룡이 쥐들의 공격에 대응하지 않다가 멸망했다는 공룡 멸망설 중 하나처럼, 시대의 변화가 쥐들의 공격처럼 작고, 잦고, 위협적이다.

　이제 오프라인 매장은 팝업스토어처럼 시시각각 새로운 체험과 감정을 소비자에게 제공할 수 있는 공간으로 변신하지 않으면 생존하기 어렵다. 그래서 팝업스토어의 이야기는 단순히 일회성 이벤트로 끝나서는 안 된다. 오프라인 매장도 고객과의 커뮤니케이션을 강화하며 연간 이벤트를 준비하고, 새로운 즐길 거리와 볼거리로 소비자를 유혹해야 한다. 그래야 온라인과 다른 형태의 생존 전략을 찾게 될 것이다. 팝업스토어는 고객 경험의 시대를 대표하는 아이콘으로 자리 잡았다. 이를 어떤 형태로 잘 활용하느냐에 따라 어느 브랜드나 기업이 소비자의 선택을 받을 수 있는지가 판가름 날 것이다.

신세계 강남점 아트리움에서 구찌가 팝업스토
어를 운영하는 모습이다. 백화점뿐만 아니라 모
든 리테일 숍은 '팝업스토어 in 스토어' 전략을
전개해야 살아남는다.

# 팝업스토어와 고객의 관계

경영, 마케팅, 브랜딩 등 분야를 가리지 않고 경험이란 단어는 흔하게 사용된다. 그럼에도 불구하고 기업이나 브랜드가 그들의 고객 경험을 정확하게 정의한 후, 그에 따라 고객 경험 여정이 청사진대로 현장에서 실현되어 소비자들에게 긍정적 이미지를 주는 경우는 쉽게 보이지 않는다. 기업 구성원들에게 고객 경험이 중요하다는 사실을 어떻게 정의하고, 실제 업무에서 어떤 방식으로 연결하는지 물어본 적이 있다. 그러면 대다수의 사람들이 대답하지 못한다. 마케팅이나 브랜딩에서는 오랫동안 고객 경험을 연구하고 고객들에게 좋은 경험을 전달하는 방법을 고민하지만 실상 소비자 접점에 있는 아래까지 전달이 되지 않는 경우가 많다.

고객 경험은 50여 년 전부터 중요하다고 언급되기 시작했다. 미래학자 앨빈 토플러는 1970년 그의 책 《미래쇼크》*에서 경험 산업(Experiential Industry)이 미래의 주요 산업이 되리라 예측하며, 경험의 중요성을 예견한 바 있다. 1998년 미국의 경영학자 제임스 길모어와 조지프 파인은 "경험 경제로의 초대(Welcome to the experience economy)"라는 기사를 하버드 경영대학원의 〈하버드 비즈니스 리뷰(HBR, Harvard Business Review)〉에 발표했다.** 이들은 기업이 제공하는 재화와 서비스가 점차 균질화됨에 따라 고유의 기능에 이벤트를 추가해 연출함으로써 고객에게 감동을 주고 부가 가치를 창조하는 경험재가 새로운 사업 아이템으로 급부상하고 있다고 말했다. 고객에 따라 다르게 느끼는 경험재가 가장 중요한 상품 형태가 될 것이라고 강조하기도 했다.

우리나라에서도 CS 경영이 도입됨과 동시에 경험이 중요해졌다. CRM*** 솔루션이라는 개념이 도입되며 고객 경험이 신규 고객 창출, 고객의 충성도 강화 및 이탈 방지의 중심 요소로 자리 잡으면서부터 고객 경험에 관한 이야기가 본격적으로 시작되었다. 표준국어대사전은 경험을 '자신이 실제로 해 보거나 겪어 봄, 거기서 얻은 지식이나 기능'이라고 정의한다. 이를 시장에 적용해 본다면 시장에서의 경험은 기업의 마케팅 전략에 따라 소비자가 상품을 구매하기까지의 모든 과정

---

＊ 앨빈 토플러 저, 《미래쇼크》, 이규행 역, 한국경제신문사(1989)
＊＊ 제임스 길모어, 조지프 파인, "Welcome to the experience economy", 1998년 7월~8월, 〈Harvard Business Review〉, https://hbr.org/1998/07/welcome-to-the-experience-economy
＊＊＊ Customer Relationship Management, 기업이 고객과의 관계를 관리하기 위한 방법론과 전략을 통칭하는 말.

33

을 일컫는다고 볼 수 있다. 대표적인 마케팅 믹스 전략에 따라 유통 경로(Place)와 프로모션(Promotion)을 통해 소비자가 상품(Product)을 보고, 가격(Price)을 판단하는 모든 과정에서의 경험이라고 볼 수 있는 것이다. 이 모든 점점에서 발생하는 소비자의 의식적·무의식적 감정, 긍정적·부정적 기억이 무엇보다도 중요하다. 이 감정과 기억이 상품의 미래 가치를 판단하게 만들기 때문이다.

기술이 발달하고 상품의 질이 상향 평준화되면서 팝업스토어뿐만 아니라 일반적인 상업 공간에서도 이제 특별한 콘텐츠나 이야기가 없으면 재미없는 공간으로 낙인이 찍히기 마련이다. 새로울 게 없으니 방문할 필요가 없고, 방문할 필요가 없어진 공간은 서서히 저물어 간다. 끊임없이 새로운 제품과 이야기를 채우는 백화점이나 대형 복합몰에만 해당하는 일이 아니다. 성수 디올은 프랑스 디올 매장을 오마주해서 인스타 핫플로 등장하였고, 김포의 한 카페는 '세계에서 가장 큰 카페'라는 타이틀을 인정받으며 화제가 되었다. 성수의 해피어마트는 '행복을 파는 가게'라고 명명하여 소비자에게 웃음과 건강한 콘텐츠를 제공하고 있다. 작더라도 매일 소소한 일상을 변주하고 주민들과 공유하는 카페, 120년 된 교회를 대형 카페로 만들어 주말마다 주차난을 야기하는 작은 프랑스 마을, 국내 최초의 치즈 목장, 하늘과 가장 가까운 양떼 목장, 광활한 자연 풍경을 느낄 수 있는 인피니티 풀이 있는 리조트 등 색다른 콘텐츠나 수식어가 없는 공간은 대중의 관심에서 사라진다. 이를 내러티브 자본이라고 하는데 눈에 보이지 않는 서사(Narrative)가 자본의 역할을 한다는 의미이다. 즉, 이야기가 돈이 되는 시대란 뜻이다.

이제 일상적인 것들은 재래시장이나 마트, 온라인몰에서 모두 해결할 수 있다. 하지만 그외 상품들은 서사가 없으면 생존하기 어렵다. 기업이나 브랜드가 이야기를 팔 준비가 되어 있지 않았다는 말은 더 이상 시장에서 존재하고 싶지 않다는 것과 같다. 새로운 콘텐츠, 익숙하지만 편안한 스토리, 남들이 가지지 못한 자신만의 서사와 역사 같은 것에 고객은 흥미를 느낀다. 흥미는 곧 소비와 연결되는 핵심이 된다.

팝업스토어가 경험의 집합체인 이유는 소비자가 매장에 들어오는 순간부터 나가는 순간까지 다채로운 이미지와 감정을 선사하며 긍정적인 기억과 이미지를 만들어 주기 때문이다. 이는 단기간에 강렬하게 발생하는 감정이기 때문에 더욱 효과가 크다. 팝업스토어를 단편적인 이벤트로 생각해선 안 된다. 설계와 기획, 실행이 톱니바퀴처럼 잘 굴러가야 한다.

고객 경험이란 크게 두 가지 요소로 구성되는데, 하나는 물리적·가시적 활동이고 다른 하나는 이 활동에서 발생하는 감정이다. 팝업스토어 설계 시 이 두 가지를 화두에 올려 두고

| 고객을 대상으로 제공하는 물리적·가시적 활동 (Physical Performance) ↓ MOT, Contacts Points, Touch Points | + | 가시적 활동을 만나는 순간 발생하는 감정들 (Emotions Evocked) ↓ Good, Soso, Bad, Fantastic··· |
| --- | --- | --- |

경험의 구성 두 가지 요소

소비자가 팝업스토어에서 무엇을 체험하고, 그 체험에 어떤 감정이 발생할 수 있을지 고려하여 기획해야 한다.

팝업스토어는 고객에게 우리 기업이나 브랜드를 응축시켜서 경험시켜 줄 중요한 이벤트 요소다. 그렇기 때문에 팝업스토어에서의 경험은 단선적이지 않다. 이제 막 사업을 시작하는 브랜드가 아니라면 이미 기존 경험 여정이 존재한다. 여기에 팝업스토어라는 경험 집합체를 집어넣으면 전체 여정이 가진 역할과 기능을 더욱 확장하여 폭발력을 높이는 동시에 직·간접적으로 소비자에게 긍정적 경험을 제공하고 즐거운 기억으로 남길 수 있다. 그렇기 때문에 브랜드의 이미지와 향후 사업 계획을 위해서라도 사전 기획 단계에서부터 팝업스토어에서의 경험을 무엇으로 정의할지 고민하는 것이 가장 중요하다.

경험이란 참 어렵다. 소비자들의 삶의 방식, 사고 방식, 경제적 수준, 취향, 소비 기준, 행동 양식이 천차만별이다. 그럴

기 때문에 다수의 소비자들에게 한 가지 사건만 제공한다 하더라도 일률적인 경험과 평가를 만들 수 없다. 과거 공급자 중심의 시장에서는 소비자들이 자신의 취향과 관심사에 맞게 소비하고 경험하기가 쉽지 않았다. 공급자의 기준으로 만들어진, 다른 사람들과 비슷한 수준의 상품이나 서비스를 주어지는 대로 이용하는 것이 전부였다.

그러나 이제는 시대가 완전히 뒤바뀌었다. 정보를 독점하던 공급자는 더 이상 정보 생산자로서 독점적인 권력을 가지지 않는다. 지금 시대에서는 오히려 소비자들이 공급자보다 많은 정보를 소비하고 생산하고 있다. SNS 매체, 미디어 등 각종 기술의 발달이 더 큰 격차를 만들고 공급자와 소비자의 위치를 역전시킨 셈이다. 과거에는 상품이나 서비스의 정의를 공급자가 정의하고 소비자는 수용할 수밖에 없었다면, 지금은 상품과 서비스가 소비자 관점에서 재정의되고, 이를 받아들이지 않는 공급자는 경쟁에서 도태된다. 기술이 상향 평준화되면서 기술 수준을 자랑하기보다는 우리만의 디자인과 감성이 있음을 호소해야 소비자의 마음을 건드릴 수 있다. 이제 서비스 매뉴얼은 창고에 넣고, 개개인의 취향과 감성을 고려한 제품을 만들어 개별 맞춤형 서비스로 고객을 응대해야 한다.

소비자들은 그동안의 경험들을 차곡차곡 마음속에 담아두고 필요할 때마다 꺼내서 상기한다. 디지털 복제 시대라 기억이 변질되기도 쉽지 않을뿐더러, 선명하게 되살릴 수 있다.

동시에 내 경험을 다른 사람들에게 생생하게 전달하거나 남의 경험도 인터넷 기술을 통해 쉽게 내 것으로 만들기도 한다.

모두의 관심사가 세분화되고 취향이 제각각일수록 기업이 시장에서 살아남고 소비자의 최애(最愛)로 자리 잡기는 어렵다. 게다가 변화의 속도는 점점 빨라지다 보니 그만큼 소비자 개개인의 취향도 쉽게 변하기 마련이다. 오늘의 충성 소비자가 내일은 다른 브랜드에 가 있는 모습이 비일비재하다. 그럼에도 불구하고 우리 브랜드에서 좋은 경험을 했고, 그 기억이 긍정적으로 남아 있다면 브랜드의 생존 가능성은 높아진다.

이럴 때일수록 물리적인 감흥보다는 감성적인 접근과 관리가 팝업스토어의 성공에 도움이 된다. 바야흐로 '팝업스토어 전성시대'인 만큼, 이제는 팝업스토어를 운영한다는 사실만으로는 고객들에게 매력을 어필할 수 없다. 팝업스토어는 소위 '힙하다'라고 여겨지는 장소에서 소비자를 유혹하는 다양한 경험 여정을 설계할 절호의 기회다. 이를 계기로 신규 고객을 유도하고 기존 고객의 충성도를 높이며, 잠재 고객에게는 충성 고객으로 성장할 수 있는 여지를 심어 놓아야 할 때이다.

팝업스토어를 준비하는 브랜드들은 일반적으로 콘텐츠를 제공하는 부스를 비롯한 물리적인 공간 구성 요소들에 정성을 들이는 경우가 많다. 하지만 그보다는 경험 과정을 함께하는 운영자들이 소비자 입장에서 바라보고 응대해 주거나 대답해 주는 순간이 더 기억에 남는다. 그리고 작은 공간이라 해도 매우 세심하게, 작은 부분까지 세부적으로 준비한다면 소비자가 기대한 그 이상의 환대나 수고로움을 느낄 수 있어 그때 감정이 기억으로 오래 남는다. 그래서 팝업스토어는 물리적 접근과 감성적 태도를 어떻게 유지하느냐가 관건이다.

팝업스토어의 최종 목표는 바로 고객에 있다. 결국 고객과의 관계가 없는 브랜드가 성장하는 시대는 끝났기 때문이다. 그렇기 때문에 현재는 팬덤 혹은 커뮤니티가 브랜드의 자양분이 되는 때로, '브랜드의 시대'가 되었다고도 할 수 있다.

# 팝업스토어 경험 여정의 설계 방법

시작부터 끝까지 필요한 내용을 담아 팝업스토어를 기획하는 방법은 물리적인 설계 방식에 가깝다. 하지만 소비자들은 단순히 물리적인 활동이 만족스럽다고 호응하지 않는다. 그래서 물리적·가시적 활동에 더해서 그 활동이나 과정 중에 일어나는 감정을 잘 케어해 주어야 한다. 그것은 팝업스토어 기획자와 현장을 설계하여 구현하는 스태프, 그리고 고객을 응대하는 운영자들의 몫이다.

일반적으로 경험 여정을 설계하는 방법은 일정하다. 가장 첫 단계는 팝업스토어가 가지는 목표가 무엇인지 제대로, 그리고 명확하게 정의하는 것이다. 이 팝업스토어를 열어서 소비자에게 전달하고 싶은 가치가 무엇인지를 정의해야 누가, 언제, 어디서, 어떻게 그 가치를 전달할지에 대한 큰 그림을 구상할 수 있다.

두 번째 단계는 바로 기획이다. 이때는 어떤 콘셉트로 우리 브랜드의 속성과 사고 방식을 전달할지 정의를 만들면 좋다. 브랜드별로 목표하는 바, 추구하는 바가 다르기 때문에 자신의 브랜드 특성에 맞게 작성하면 된다. 만약 브랜드의 정의를 정리하기가 쉽지 않다면 최우선 가치를 떠올려 보자. 어떤 상품, 혹은 서비스를 통해서든 소비자는 결국 즐거움을 주는 상품과 서비스를 선택한다. 고객들이 우리 브랜드에서의 구매 활동을 통해 생활의 활력을 느낄 수 있는지, 그러기 위해서는 자사 제품과 서비스를 어떻게 구현해야 할지 고민해야 한다. 그러면 브랜드의 방향과 제품 개발, 서비스 개선 대안에 대해서도 실질적인 답을 얻을 수 있을 것이다.

브랜드의 고민을 고안하고 그 해결 방안을 도출할 때는 최대한 많이, 다양한 방법을 도출하는 것이 좋다. 이를 실현할 구체적 아이디어는 역시 신선하고 재밌을수록 좋다. 다만 실행 가능한 선에서 고민해야 한다. 좋은 아이디어가 모두 실행 가능한 범주로 귀결되지는 않기 때문에 아이디어가 실행된 사례가 있는지 찾아보고, 선례가 없으면 어떻게 해결할지 고민하면 된다. 이 과정에서부터 전문 에이전시와 일을 함께하기도 하는데, 가장 좋은 것은 기획 단계부터 같이 소통했던 에이전시와 같이 고민하여 실행 계획을 수립하는 것이다.

기획 단계에서 일련의 과정들은 매우 복잡하고 많은 업무들을 수반한다. 하지만 튼튼한 기획이 뒷받침된다면 팝업스토어를 운영하는 전체 과정을 어떻게 구성할지 전체 설계도를 그려볼 수 있다. 이 로드맵을 바탕으로 구체적 실행 계획표와 진도표, 운영 현황, KPI 설정 및 현황 점검, 커뮤니케이션 계획, 현장 운영 계획, 위기 대응 계획, 종료 계획, 철거 계획, 사후 커뮤니케이션 및 후속 계획 등이 나온다.

브랜드 가치와 팝업스토어 운영을 연결짓는 기획이 탄생한 후에는 방대한 자료 조사를 해야 한다. 항상 그렇지만, 맨땅에 헤딩하는 방법은 제일 힘든 방식이다. 누구도 선보인 적 없는 창의적이고 획기적인 팝업스토어를 만들고 싶다고 해도, 그에 대한 사전 정보가 없는 상태에서는 좋은 아이디어를 떠올릴 수 없다. 그럴 때 이 전체 과정에 관한 다양한 사전 조사를 통해 얻은 인사이트로 큰 도움을 받을 수 있다. 그래서 어떤 업체들이 어떤 콘셉트로 무슨 이야기를 고객들에게 들려주고 체험시키며, 그곳에서의 경험 여정을 만들어 가는지 시장 조사를 해야 한다. 조사 방법은 인터넷이나 책, 리포트 등 2차 자료도 좋지만 직접 팝업스토어를 돌아다니며 정보를 얻는 것이 가장 좋다.

다양한 조사를 통해 관련 정보와 인사이트를 얻었다면 팝업스토어 내에서 소비자가 만나는 접점을 초 단위로 정리하자. 인포메이션 데스크에서 고객을 맞이하는 과정만 정리해도 꽤 많은 단계로 나눌 수 있다. 고객이 자사의 팝업스토어에 방문하기까지 과정을 전부 검토하려면 오랜 시간이 걸리고, 다방면으로 고려해야 할 것이다. 고객이 팝업스토어를 알고 방문하기로 마음먹기까지의 과정, 고객의 자택에서 실제로 팝업스토어 현장에 도착하기까지의 여정, 팝업스토어의 입구에서부터 출구까지의 경험, 그리고 현장을 떠난 후 팝업스토어에서의 경험을 주변 지인, SNS 친구, 네티즌들과 공유하는 과정까지, 모든 프로세스를 촘촘히 구성할수록 도움이 된다.

팝업스토어에 방문할 주요 타깃을 선정하고 고객들의 페르소나를 만들어 보는 것이 중요하다. 자사 팝업스토어를 방문할 핵심 고객은 어떤 이들인가? 그들이 평소에 어떤 생각을 하고, 무슨 말을 하며 어떤 것을 보고, 듣고, 행동하는지 고려해 보자. 가상 속 인물이라 하더라도 그들이 어떻게 자사의 팝업스토어를 즐길지 그려 보면 팝업스토어 운영 중 전체 과정에 대해 시뮬레이션을 하기가 훨씬 쉬워진다.

| 과정 | Pre-Service | Event Time | Event Time | Event Time | Event Time | Post-Service |
|---|---|---|---|---|---|---|
| 소비자 목표 | | | | | | |
| 접점 & 감정적 반응 | | | | | | |
| 소비자의 생각 | | | | | | |
| 전반적인 고객 경험 반응 | | | | | | |
| 추천 | | | | | | |
| 개선 방안 | | | | | | |

팝업스토어 내에서의 고객 경험 여정과 그에 따른 실행계획표

# 2장

# 브랜딩의 법칙

# 1

## 첫 번째,
## 가장 먼저 팝업스토어의
## '성공'을 정의하라

국어사전에서 성공은 '목적하는 바를 이루다'로 정의된다. 기업마다 재무적인 성공의 기준은 비슷하다. 상품이나 서비스를 출시하여 매출이 일어나, 비용을 제외하고 남은 이익이 많을수록 성공적이라 할 수 있다. 하지만 브랜드 이미지와 같이 숫자로 평가하기 어려운 요소들도 많다. 팝업스토어 운영에서는 성공의 정의를 어떻게 내릴 수 있으며, 팝업스토어의 성공을 뜻하는 정량적·정성적 지표들은 무엇일까?

먼저 기업이나 브랜드가 얻고자 하는 목적이 무엇이냐에 따라 다를 것이다. 팝업스토어 운영 비용을 바탕으로 비용 대비 큰 효과를 내고 싶다면, 인당 마케팅 비용을 얼마나 사용했는가를 따져 볼 수 있다. 이때 비용 대비 방문자 수가 중요하다. 방문자가 많을수록 비용 대비 효과가 높다고 평가할 수 있다. 바이럴이 목적이라면 팝업스토어에서 인증샷 이벤트에 참여한 소비자의 숫자나 해시태그가 달린 포스트 수를 보면서 성취도를 평가할 수 있다.

사전 지표로는 온라인 광고를 통해 나오는 지표들로 성공적 오픈이나 운영의 성공 여부를 가늠해 볼 수 있다. 팝업스토어의 오픈을 알리는 온라인 광고를 집행한다면 광고 노출을 의미하는 CPM*이나 CPC**, CPA*** 등을 측정하여 소비자의 이목을 얼마나 끌었는지, 그리고 랜딩페이지가 있다면 얼마나 많이 이동했는지, 팝업스토어를 예약제로 운영한다면 예약률 등으로 사전 평가가 가능하다. 또한 옥외 광고도 측정 방법이 발달하고 있어 점점 더 수치화가 가능해지고 있다.

정량적인 지표로 성공을 평가받는 것이 인하우스(보통 클라이언트 회사를 지칭) 담당자들에게는 가장 안전한 방식일 것이다. 하지만 바이럴이 긍정적으로 전파되는지, 혹은 부정적으로 전파되는지를 확인하는 것도 중요한 평가 요소 중 하나다. 아무리 이목을 집중시키고 방문자 수가 많은 행사라도, 행사 참여자들의 평가가 부정적이라면 성공적이라고 평가할 수 없다. 브랜딩 차원에서 브랜드 경험을 중시한 팝업스토어에서 직원들의 운영 미숙으로 그곳에서 감정적 호감도를 올릴 여정이 없다면

---

* Cost Per Thousand Impressions, 인지도에 대한 판단기준으로 요즘에는 많이 사용하지 않음
** Cost Per Click, 클릭당 과금의 형태로 광고에서 랜딩페이지로 이동을 측정
*** Cost Per Action, 직접반응광고로 예약이나 설문지 작성, 프로그램 또는 앱 설치 등 특정행동으로 전환을 측정

소비자들은 부정적 반응을 쏟아낼 것이다. 그러면 많은 비용을 쓰고도 헛고생을 하게 된다. 이렇게 정성적 지표도 최대한 트래킹 할 수 있도록 사후 만족도 조사나 사후 온라인 이벤트 등을 연계해 솔직한 감정적 호응 지수를 평가해 봐야 한다.

기업이나 브랜드마다 성공의 정의는 다를 수밖에 없다. 하지만 대체적으로 소비자들의 만족도가 높은 팝업스토어들은 공통적인 요소들이 있다. 이를 잘 팔리는 팝업스토어의 19가지 법칙이라고 해보자. 물론 이외의 요소들도 있을 수 있다. 공통적인 요소들 외에 그 행사만의 독특성이나 의도가 있다면 따로 측정해 보는 것이 좋겠다.

2

# 2

두 번째,
## 팝업스토어를 여는
## 정확한 목적이 있다

기업들이 팝업스토어에 열을 올리고 많은 마케팅 비용을 투입하여 소비자를 모으는 이유는 무엇일까? 다양한 이유가 있겠지만 대중들에게 자사가 살아 있음을 알리고 싶은 것이다. 끊임없이 움직이지 않으면 물속에 가라앉고 마는 사람처럼, 브랜드도 한 생명체에 가깝다. 생존의 메시지를 계속 보내지 않으면 소비자들의 마음속에 자리 잡기 힘들다. 상위 1~2위도 기억하기 힘든 세상에 그 아래에 있는 브랜드들 역시 우리는 그들과 다르다고, 우리도 건재하니 주목해 달라고 외치는 것이다. 각 분야의 1~2위 브랜드는 자리를 지키기 위해서, 3~4위 브랜드는 그 위로 올라가기 위해 다양한 마케팅 활동을 펼친다. 아직 순위권에 들지 못한 브랜드는 일단 브랜드를 기억해 주기만을 바라며 팝업스토어를 열게 된다.

이런 행위를 더 전문적으로 표현하면 브랜드 최초상기도 (TOM, Top of Mind)를 올리기 위한 작업이라고 한다. 최초상기도란, 소비자가 특정 분야의 기업을 연상할 때 맨 처음 떠올리는 브랜드를 말한다. 최초상기도가 높으면 높을수록 상품이나 서비스 이용 시 우선 고려 대상이 되어 매출로 이어질 가능성이 높다. 과거에는 최초상기도를 올리는 역할을 TV 광고가 했지만 지금은 유튜브와 OTT 서비스에 밀리고 있다. 그러다 보니 다양한 방법으로 브랜드 인지도를 높이고 최초상기도를 올려 더 많은 이들이 우리 브랜드의 고객으로 자리 잡기를 바라는 것이다.

이처럼 팝업스토어는 주로 매출을 많이 내려는 목적보다는 고객 커뮤니케이션 활동의 하나로 보고, 고객과의 관계를 풍성하게 하는 데 목적을 둔다. 물론 단기간에 많은 상품을 파는 영업적 차원의 접근도 가능하다. 그러나 목적 자체를 영업에 둔 팝업스토어가 아니라면 신상품이나 브랜드에 대한 인지도를 높이거나 브랜드 경험을 통해 이미지 전환이나 호감도를 높이는 것이 주목적이라고 볼 수 있다. 팝업스토어 운영이 브랜드 마케팅에 줄 수 있는 긍정적인 효과들을 정리해 보면 다음과 같다.

### ① 고객과의 커뮤니케이션

**통합 마케팅 커뮤니케이션의 발판**

많은 브랜드가 디지털 시대에 들어서며 고객과 커뮤니케이션하기가 더 어려워졌다고 입을 모아 이야기한다. 채널이 다양해지면서 개인화된 소비자의 취향을 커버하기도 힘들고, 정해진 자원 안에서 그들과 소통해야 하기 때문이다. 올드미디어 시대의 단순함에서 벗어나 커뮤니케이션 복잡성의 시대를 살고 있다. 그래서 많은 브랜드가 온라인과 오프라인의 소비자 의사 결정 여정을 잘 설계하고, 이를 통해서 우리의 상품과 서비스를 어필하고 주류에 올라올 수 있도록 한다.

팝업스토어도 그 많은 커뮤니케이션 중에 하나로서 역할을 한다. 전하고 싶은 메시지를 일관성 있게 구조화하고 이를 상품부터 유통 그리고 커뮤니케이션까지의 여정에 담아내는 것이다. 이런 일관된 소통은 인내력과 지속성을 가지지 못하는 기업에게는 그림의 떡이다. 하지만 통합 마케팅 커뮤니케이션(IMC, Integrated Marketing Communication)을 잘하는 기업은 브랜드의 탄생과 성장을 중계하면서 소비자와 함께 브랜드를 키운다. 팝업스토어는 이를 물리적 공간에서 오감을 자극하여 전달하는 중요한 공간으로 자리매김했다.

**신상품 공개**

새로운 상품이나 서비스를 출시했을 때, 아무리 뛰어난 제

LG전자는 성수 금성오락실 팝업스토어를 부산, 경동시장 등으로 확대 운영하며 OLED 제품 최강자의 면모를 보여 주고 있다.

품이라 해도 과거처럼 광고만으로는 바로 구매로 이어지기 어렵다. 고객이 직접 눈으로 보고, 만져 보고, 상품의 특징을 이해하도록 체험하고, 샘플이나 본 상품을 직접 사용하여 오감으로 새로운 상품을 느끼게 해야 한다. 그 소식을 알리고 체험 공간을 제공하는 곳이 팝업스토어다. 그렇기 때문에 신상품을 출시할 때가 팝업스토어를 열기에 가장 좋은 타이밍이다. 그러나 현실적으로 신상품이 나올 때마다 팝업스토어를 열 수 없기 때문에 기존의 상품이나 서비스를 활용하여 고객과 만나고 새로운 경험을 통해 충성도를 높이면서 이미지를 각인시키는 경우도 많다.

이런 경우일수록 더 신경 써야 하는 게 고객 경험이다. 신상이 있다는 소식만으로도 팝업스토어에 사람들이 많이 방문해서 활기찰 수 있다. 하지만, 그만큼 해당 브랜드와 제품 출시 소식이 파급력이 있지 않은 경우에는 그곳을 방문해야 하는 이유가 반드시 존재해야 한다. 재밌거나 신선한 이벤트가 있어야 고객을 불러들일 수 있다. 현장을 눈에 띄게 꾸민다거나 다른 곳에서 접할 수 없는 경험을 제공하는 등 인스타그래머블(Instgramable)하

탬버린즈는 성수 레이어57에서 새로운 핸드크림 향인 '코쿤 머스크'를 출시하면서 키네틱 아트를 선보였다.

고 인증 욕구를 불러 일으키는 이벤트가 꼭 필요하다. 또는 기존 고객을 VIP로 모시고 자사의 제품을 먼저 경험하게 한 후, 대중을 불러들여 소비자와의 커뮤니케이션을 늘릴 수도 있다.

## ② 브랜드 홍보

### 브랜드를 알리자

모든 브랜드가 소비자의 마음속에 저장되어 있지는 않다. 매일같이 새로운 브랜드와 상품이 쏟아지는 공급 과잉의 시대에는 어떻게 해서든 이름을 알리고 생존해야 사업을 지속할 여지가 생긴다. 물론 일부 영향력 있는 고객이 선택한 덕분에 브랜드가 성장할 수도 있지만 어느 정도 대중적인 인지도와 이들의 선택이 필요한 곳이 바로 시장이다.

시장에서 이름을 알려 지속 가능하려면 다양한 활동들이 필요하다. 흔히 떠올릴 수 있는 올드미디어(TV, 잡지 등)나 뉴미디어(포털 사이트, SNS 등) 매체 광고는 비용도 많이 들고, 광고 효과를 측정하기 힘들다. 반면 팝업스토어를 똘똘하게 잘 만들어 대중의 눈도장

신세계푸드는 대안육 시장에 참전하기 위해 도산에 자사의 대안육 브랜드 '베러미트' 팝업스토어를 열어 다양한 식품을 선보였다.

을 찍고 SNS를 도배해 인지도를 높이는 경우도 왕왕 있으니, 팝업스토어는 어느 기업이나 한번 도전해 볼 만한 아이템이다.

이런 경우에 어떻게 소비자들이 우리의 세계에 들어오게 할 것인가가 중요하다. 아무도 우리를 거들떠보지 않을 때가 오히려 좋은 기회일 수 있다. 브랜드가 커지고, 인지도가 높아지면 소비자의 시선이 교착되어 움직임 하나하나가 조심스러워지고 많은 고민이 필요하다. 그런데 때로는 색다르고 모험적인 시도가 소비자의 이목을 집중시키고 자사의 이미지를 전환하는 기회가 되어 인지도를 높이기도 한다. 그러므로 익숙함과 새로움 사이의 경계를 자유롭게 넘나들 필요가 있다.

**사람들에게 전하는 우리만의 스토리**

공간을 돋보이게 하는 것은 시간이지만 브랜드의 역사, 즉 헤리티지는 쉽게 만들어지지 않는다. 신생 브랜드는 자신이 원한다고 브랜드의 헤리티지를 만들 수 없다. 헤리티지라는 단어에 '유산'이라는 뜻이 있듯, 그 이미지를 구축하기 위해서는 반드시 시간이 필요하다. 그렇지만 시작하게 된 계기와 과정을 담아 재밌는 이야기로 만들어 낼 수 있다. 많은 팝업스토어가 이런 이유로 만들어진다.

우리가 가진 이야기가 독특하고 매력적임을 보여 주고, 지속 가능하다고 어필하고, 상품이나 서비스를 체험시키면 고객의 경험을 풍부하게 만들 수 있다. 우리가 잘하는 것을 정의하고 잘하기 위해 그동안 진행해 온 많은 변곡점을 진심으로 담아내고 재밌게 포장하여 소비자에게 판매하는 것이다. 그것을 브랜드 콘셉트로 보여 주기도 하고, 제품의 성분이나 재료로 보여 주기도 한다. 작은 브랜드일수록 스토리텔링에 적극적이어야 고객의 마음을 유혹할 수 있다.

뷰티 브랜드 얼터너티브 스테레오는 렌트라는 팝업 전용 공간에 자신들의 색깔과 이야기를 담아 작은 공간에 사람들이 몰리도록 하여 성황을 이뤘다.

　지역의 헤리티지를 이용해서 브랜드의 공간을 구축하는 것도 신생 브랜드 혹은 주목받는 브랜드가 할 수 있는 좋은 마케팅 활동 중 하나다. 성수에는 작은 브랜드들이 팝업스토어를 열 수 있는 공간들이 꽤 많다. 일례로, 성수에 있는 팝업스토어 플랫폼 '프로젝트 렌트'는 팝업스토어 전문 공간 대여 사업을 운영하고 있다. 팝업스토어와 오프라인 공간을 대여하는 비즈니스 모델이 새롭게 등장했음을 보여 주는 대표적인 사례다. 다만 참신하지 않으면 지나치기만 할 뿐이라는 점을 유념해야 한다.

### ③ 새로운 브랜드 이미지 구축

**온라인의 한계를 넘어선 오프라인**

유통에서는 이미 온라인 매출이 오프라인을 앞서고 있다. 하지만 온라인에서 적은 자원으로 시작한 브랜드라도 오프라인에서 소비자를 만나지 않는 것은 계속 한쪽 눈을 감고 있는 것과 같다. 디지털이 세상을 편리하게 만들고 상상 속 세계를 현실과 가깝게 구현하고 있다지만, 여전히 인간은 아날로그적인 생명체이고 이 땅에 발을 딛고 살고 있다. 디지털이 모든 것을 집어삼키는 시대가 오더라도 인간의 오감은 여전히 살아가는 데 필수 요소로 남을 것이다. 온라인 사업에 주력을 둔 기업은 팝업스토어를 활용해 자신들이 가진 역사와 이야기를 나누고 실제로 접할 기회를 소비자에게 제공하는 게 좋다. 온라인에서 상품을 결제하는 과정은 너무나도 쉽고 편리하다. 그러나 고객이 상품을 구매하기로 결정하기까지의 과정, 즉 고객의 구매 여정이 매우 복잡하다는 단점이 있다. 반면, 오프라인은 한 번의 터치만으로도 잠재 고객에서 신규 고객으로 이동시킬 힘을 가지고 있다. 온라인이 오프라인의 한계를 넘었다는 생각과 달리, 오프라인이 온라인의 한계를 넘을 수 있는 것이다.

**'힙한 브랜드'임을 어필하다**

MZ세대가 정보를 주도하는 시대가 되었다. 이들은 힙하지 않으면 움직이지 않는다. '힙하다'라고 말할 때 힙(Hip)은

신체 부위를 뜻할 뿐만 아니라 '세상 물정에 밝은, 통달한'이라는 뜻도 있다. 이제는 익숙한 관용어가 되어 버린 '트렌디하다'와는 또 다르다. 이 시대의 힙이란, 유행에 뒤처지지 않을 뿐만 아니라 독보적이고 특이하며 날 것의 매력을 지니고 있는 단어다. 대대로 힙함을 유지해 오던 브랜드 중에는 지금까지 명성을 유지하는 곳도 있고, 가을 낙엽처럼 사라져 버리거나, 그 명맥을 간신히 유지하는 곳들도 있다.

세대가 어려질수록 최신 유행에 민감하고 동년배 그룹과 교류가 더 활발한 것은 당연하다. 이들은 자신이 좋아하는 것이 생기면 이를 열성적으로 타인과 세상에 알리고자 하는 욕망이 있어서 바이럴하는 데도 거침이 없다. 문화를 향유하고 창조하기를 주저하지 않는 세대에게 인정받고 자

힙합 가수 박재범이 출시한 원소주와 온라인 게임 리니지W가 협업하여 리니지 한정판 원소주를 내놓아 소비자들의 오픈런을 유도했다.

연스러운 홍보 효과를 누리기 위해서는 브랜드가 힙해져야 한다. 리브랜딩(Re-Branding) 혹은 리프로덕션(Re-Production)을 통해서 힙해질 수도 있다. 브랜드 이미지를 새롭게 구축하는 데는 여러 방법과 과정이 있지만, 많은 브랜드들이 그 수단으로 팝업스토어를 선택한다. 이곳을 통해 MZ세대에게, 더 젊게는

Z세대(Gen-Z)에게 어필하는 것이다.

힙은 단순히 우리가 힙하다고 주장해서 얻을 수 있는 것이 아니다. 브랜드의 어떤 면이 힙한지 보여 주고 그 모습을 소비자가 인정해야만 '힙한 브랜드'라는 이미지를 얻을 수 있다. 결국 소비자가 원하는 포인트를 알고 제시할 수 있어야 제대로 힙한 브랜드가 될 수 있다.

### ④ 이익의 확장

#### 판매량 증대

팝업스토어는 대형 마트나 백화점에서 잘 활용하는 행사 매대나 빈 자리를 채우기 위해 들인 MD가 자리 잡고 매출을 올리던 경우에서 도래했다. 그래서 판매 또한 운영 목적 중 하나라고 볼 수 있다. 사실 목표 매출을 달성하기 위해 이벤트 매장이나 팝업 매대를 활용하여 이월 상품이나 기획 상품을 판매하는 것은 유통의 오래된 전술이다. 팝업스토어에서 고객에게 경험을 전달한다는 목적과 동시에 매출을 올려 팝업스토어에 투입된 자원 회수를 목표로 둘 수도 있다. 이럴 경우 온오프라인 매장에서 보이지 않던 한정판을 판매하거나 팝업을 방문해야만 얻을 수 있는 굿즈나 체험 코스를 마련해야 한다.

주의할 점은 경영진, 혹은 의사 결정권자들이 팝업스토어에 감 놔라 배 놔라 하지 못하도록 해야 한다는 것이다. 비용을 지원하는 의사 결정권자들은 숫자로 나타나는 결과를 원하는 경우가 많다. 하지만 브랜드 마케팅에 성공함과 동시에 판매량도 증대시키기란 쉽지 않다. 이 때 의사 결정권자들의 말에 휘둘리면 팝업스토어의 방향성을 잃기 십상이다. 콘셉트가 어설플 때 팝업스토어 자체가 전체 브랜드 충성도나 인지도 향상에 감점 요인이 될 수 있다는 점을 명심해야 한다.

### 브랜드 성장의 기회

'플랫폼의 시대'라는 별칭이 붙은 바와 같이, 큰 브랜드가 아니면 소비자를 만나기가 어려워지며 플랫폼은 상거래 생태계의 공룡이 되었다. 플랫폼 산하에 작은 브랜드들이 많이 모이며 플랫폼은 성장했지만, 그 안에 소속된 브랜드에게는 플랫폼 내부에서의 경쟁에서 살아남는 일도 난관이다. 게다가 작은 기업에게는 팝업스토어가 전략적으로 좋은 승부수

무신사에 입점한 의류 브랜드 유니버시티댄은 성수 무신사 테라스에 팝업스토어를 통해 오프라인에서 소비자를 만났다.

라고 해도, 매장 한 곳을 기획하고 운영 비용을 감당하기가 그리 만만한 일이 아니다.

이런 브랜드들의 어려움을 아는지 무신사는 복합문화공

간 '무신사 테라스'의 일부 공간을 입점 브랜드에게 내어 주고 있다. 짧은 시간이지만 브랜드에게는 천금 같은 시간이 될 수 있지만, 활용하지 못하면 기회를 잃어버린 불행한 브랜드가 될 수 있다. 플랫폼 비즈니스는 디지털 대전환 시대에 살아가는 시장에서는 재벌이라 불리던 공룡의 대체재가 되었다. 시장은 플랫폼이 되거나, 플랫폼 시대의 흐름에 올라타라고 말한다. 작은 브랜드도 이런 거대 플랫폼 기업들의 특성과 기회를 잘 활용하면 작지만 생존력 강한 공룡으로 성장할 수 있다. 기회를 줄 때 동아줄을 잡아야 한다.

　　앞서 언급한 역할 외에도 기업이나 브랜드는 자신의 목적에 따라 빠르게 전개하고 철수하는 방법으로 다양한 팝업스토어를 전개한다. 이제는 그 형식도 광범위해져서 의류, 식품 분야뿐만 아니라 갤러리나 전시회, 공연 등 다양한 팝업스토어로 소비자를 만나고 있다. 기업이 팝업스토어를 통해 말하고자 하는 목적에 따라 그 역할을 다양하게 부여할 수 있다.

이너스페이스 성수는 찾아가는 갤러리로 성수를 방문하는 젊은 소비자들과 만나고 있다.

　　갤러리 '이너스페이스'는 신진 작가들의 실험성 짙은 작품들을 성수 한복판에서 소비자들이 볼 수 있도록 팝업갤러리를 열었다. 2층에는 LG전자의 신제품이 전시된 쇼룸이 있어서 전시를 본 이후, 자연스럽게 작품 구매로 연결되도록 설계했다. 문화 세대들에게는 예술도 재테크 방식이자 취향을 표현하는 수단이다. 이들을 제대로 겨냥하기 위해 이전처럼 갤러리들이 몰려 있는 곳이 아니라 그들이 있는 곳으로 직접 찾아가기 시작했다. 이처럼 공간에 소비만 있어선 안 된다. 예술, 체험 등 소비자들의 욕구를 자극하는 '무엇'이 있어야 진정한 핫플이 된다.

팝업스토어의 목표 설정은 어떤 역할을 수행할지 정하는 것에서부터 시작한다. 운영하고자 하는 팝업스토어가 그중 어떤 역할을 수행할지 정하는 것이 '목적'이고 이 목적을 이루기 위해 완수해야 하는 구체적인 단계들이 바로 '목표'다.

신상품 출시 소식을 알리는 게 목적이라면 우선 팝업스토어 방문자 수가 많아야 한다. 고객과 깊게 교류하기보다는 신상품에 대한 효능과 효과, 혹은 매력을 많은 이들이 인지할 수 있도록 이를 최대한 많이 알리는 것이 목적이 되어야 한다. 이때 고민해야 하는 것은 소비자가 신상품을 어떻게 경험하고 체험하게 할 것인지다. 상품 자체가 가격이 높다면 상품 하나를 제공할 수는 없으니 어떻게 해야 간접적으로나마 제품을 경험하게 할지 고민해야 하고, 그 과정을 잘 설계해야 방문자

65

가 만족한 채로 팝업스토어를 나설 수 있다. 비교적 저렴한 상품이나 서비스라면 최대한 제품 증정이나 샘플 사용 등, 현장 사용 서비스를 제공하여 바이럴과 연계하는 설계를 해야 한다. 이처럼 상품이나 서비스의 성격에 따라 SNS에 노출되는 방법도 달라야 한다.

크리스찬 디올은 성수에 플래그십스토어를 낸 최초의 럭셔리 브랜드이다. 루이비통 등 다른 럭셔리 브랜드들도 단기간 팝업스토어를 열어 신상품을 발표하거나 기존 고객층보다 더 젊은 고객을 만나는 활동을 했다. 반면, 디올은 장기간 팝업스토어를 열었다. 세련된 외관과 다양한 볼거리로 많은 소비자의 관심을 끌었지만 그 모두가 고객으로 옮겨오지

크리스찬 디올은 성수에 장기 팝업스토어를 열어 리뉴얼을 통해 새로운 아트 워크(Artwork)로 계속해서 고객을 맞이하고 있다.

는 않는다. 크리스찬 디올이 장기간 팝업스토어를 운영한 목표는 요즘 명품 시장의 큰손인 젊은 고객들에게 '젊은 럭셔리 브랜드'라는 인식을 알리기 위함이었다. 디올 성수가 팝업스토어를 계획보다 오래 유지한 것으로 보아, 내부에서도 투자한 제작 비용은 충분히 회수했다 판단했을 거라고 본다. 그도 그럴 것이, 방문자 예약은 1분도 채 되지 않고 연일 매진이었고,

주말과 평일을 가리지 않고 디올 성수의 사진을 찍으러 온 방문객들이 장사진을 이뤘다. 이를 통해 디올 성수는 성수의 핫하고 힙한 이미지를 얻는 동시에 영 럭셔리(Young Luxury) 브랜드로써 이미지 변신을 도와 주는 역할을 톡톡히 해냈다. 디올 성수를 운영하는 목표는 매출 목표와 방문객 수, 바이럴 양이었을 텐데, 이는 내부 수치이니 알 순 없지만 목표 수치를 충분히 달성했을 것이라고 본다. 디올 성수는 팝업 기간을 연장하고 외부 조각품을 교체하면서 새로운 핫플로 다시 소비자의 발길을 끌어당기고 있다.

자동차 회사들은 지역마다 대리점들이 많이 있기 때문에 오프라인에서 고객을 만나는 접점이 충분했다. 하지만 국산차와 수입차의 경쟁이 치열해지고 소비자의 취향과 선택의 폭이 넓어지면서 소비자와 더욱 가까이에서 만나고자 하는 팝업스토어가 자주 열리고 있다. 독일의 자동차 회사 BMW는 팝업스토어는 아니지만 2014년 영종도에 드라이빙 센터를 열었다. 이곳에 BMW의 전체 차종을 전시했으며, 소비자가 직접 시승할 수 있어 자동차를 좋아하는 소비자들의 호응을 얻었다. 이후 현대차 그룹은 고양과 강남, 부산 등에 현대 모터 스튜디오를 열어서 소비자를 가까이 만나기 시작했고 기아자동차는 기아 360을 운영하고 있다. 최근에는 신차 출시에 맞춰 팝업스토어를 열어 새로운 경험을 제공하고 있다.

기아자동차는 2021년 성수동에 전기차 특화 복합문화공간 EV6 언플러그드 그라운드를 열었다. 전기차 시대가 열리면서 기아는 EV6만을 위한 공간을 만들었다. 전기차로서 EV6의 장점을 3D 컨피규레이터(Configurator)와 도슨트 투어를 통해 소개하고 모니터로 직접 차를 고르면서 견적까지 낼 수 있는 스마트 테이블 공간도 준비했다. 그리고 전기차의 지

60년 된 방직 공장을 리모델링하여 세운 EV6 언플러그드 그라운드의 모습이다. 기아의 전기차 EV6의 모든 것을 체험할 수 있었다.

속 가능성을 보여 주기 위해서 코오롱의 업사이클링 패션 브랜드 래코드와 협업했다. 이 과정을 통해 전시 및 제품을 판매하고 관련 굿즈도 제공하여 이곳은 소비자들이 자주 찾는 공간이 되었다. 이 공간도 성공적이었다는 평가와 함께 연장 운영을 결정하기도 했다. 지금은 'EV 언플러그드 그러운드'로 이름이 바뀌었고 EV9 위주로 컨텐츠가 운영되고 있다.

그러나 많은 브랜드에서 팝업스토어를 운영하고 있고 성공한 사례가 많으니 운영하면 좋겠다고 생각해서는 안 된다. 그저 '하는 것'을 목적으로 삼으면 절대 안 된다는 뜻이다. 팝업스토어는 종합예술에 가깝다. 팝업스토어를 열고자 하는 목적을 정확하게 정해 그에 따른 세부 목표를 미리 준비하여 그

에 어울리는 전체 구성을 그리고, 그 안에 들어가는 수많은 요소들을 고려하여 설계해야 한다. 목표 없이 생긴 팝업스토어는 목적과 타깃 소비자가 불분명하므로 인기가 없을 수밖에 없다. 인하우스에서 세부적인 운영 요소를 모두 준비하기는 어려우니 내부에서 팝업스토어를 통해 얻고자 하는 것을 명확하게 하고 이를 에이전시(대행사)에 전달해 같이 준비하기도 한다. 물론 내부 인력으로 모든 준비를 소화하는 브랜드가 없는 것은 아니나, 팝업스토어에 대한 경험과 지식이 부족하다면 비용이 좀 들더라도 에이전시를 이용하는 것이 나을 수 있다.

크리스찬 디올, 기아자동차와 같이 목적을 '잘' 정하는 방법은 무엇일까? 지금 우리 브랜드나 기업에게 가장 절실히 요구되는 동시에 가장 부족한 점이 무엇인지 파악하는 것이 급선무다. 이미 잘하고 있는 영역으로 접근하거나 소비자에게 익숙한 것을 팝업스토어에 내놓는 것은 무의미한 일이 될 수도 있다. 여러 요소 중 인지도가 부족하다면 팝업스토어의 목적은 바이럴에 최대한 초점을 맞추어야 한다. 그래야 그에 따른 기획이 나오고 실행 아이템을 찾아낼 수 있다.

브랜드의 철학과 히스토리가 잘 관리가 되어 있고 소비자와 나누고 싶은 이야기가 있다면, 또는 아직 보여 주지 않은 이미지가 있거나 바꾸고 싶은 이미지가 있다면 팝업스토어의 목적과 콘셉트를 잡기가 매우 수월하다. 물론 기획과 운영이

69

쉬워지려면 사전에 사내 전체에 그 목적이 잘 공유되어야 한다. 여러 목적을 달성해야 한다면 성공해야 하는 목표도 그만큼 많아진다. 그러나 목적이 많을수록 자칫 잘못하다가 자원이 분산되고, 아이디어가 겹치거나, 목적에 알맞으면서도 신선한 아이템을 도출하기가 쉽지 않을 수 있다. 팝업스토어라는 이름에 걸맞게 짧은 시간에 강렬한 인상을 줄 수 있는 단 한 가지의 목적으로 수렴하여야 한다.

이 팝업스토어의 목적을 이해하고 전폭 지원해 주는 시니어 라인이 존재한다면 금상첨화다. 결재선에 있는 이들이 지원이 아닌 간섭을 하게 된다면 그 결과는 무조건 산으로 간다. 여담이지만 모 기업에서 팝업스토어를 기획할 때 젊은 세대에게 어필할 아이템을 찾고 있었는데 윗선에서 자꾸 구식 아이디어를 제시하는 바람에 담당자와 대행사 모두 힘들어했다는 후문이 있다. 관리자들은 관계자와 실무자의 생각을 들어 보고 정확한 방향성에 대한 고민을 공유해야 훨씬 많은 아이디어와 지원을 받을 수 있다. 재무적 관점에서 결과물을 요구하는 부서가 있다면 팝업스토어의 성격과 목적을 잘 설명하고 설득해야 실행 과정에서 진통을 겪지 않을 수 있다. 인하우스에서 팝업스토어의 경험이 없다면 좀 더 투자하더라도 좋은 대행사를 찾아 도움을 받는 것이 훨씬 명확하고 적절한 목적을 찾는 데 도움이 된다.

# 3

## 목적에 따라
## 콘셉트를 제시한다

팝업스토어의 콘셉트를 어떻게 정하느냐에 따라 그 성공이 좌지우지되기도 한다. 콘셉트는 팝업스토어를 전개하는 목적과 이유에 따라 달라져야 한다. 앞서 팝업스토어의 여러 가지 역할에 대해서 이야기했는데 그 브랜드의 현재 상황이 콘셉트를 정할 때 고려해야 하는 가장 중요한 요소라고 볼 수 있다. 신상품을 소개하는 자리라면 그 팝업스토어의 가장 중요한 목표는 신상 제품에 소비자들의 관심을 집중시키는 것이다. 동시에 신상 제품을 가장 빛나게 보여 줘 소비자들이 긍정적인 피드백을 줄 수 있도록 전환시켜야 한다.

브랜드 업종과 시장 특성에 따라 그 목적이 달라질 수도 있다. 어떤 쥬얼리 브랜드들은 이름만 대면 모두가 아는 명품 브랜드만큼의 인지도를 얻기 위해, 혹은 그들의 인지도를 넘어서기 위해 팝업스토어를 열기도 한다. 시계 브랜드는 일반 주얼리 브랜드나 패션 브랜드에 비해 인지도가 상대적으로 떨어진다. 그래서 이를 만회하기 위해 브랜드 히스토리를 박물관 전시 형태로 만들어서 전시하기도 한다. 자동차 회사는 신상 차량의 뛰어난 스펙을 강조하기 위해 속도감 있는 미디어 아트와 결합시키고 작품처럼 보이게 하여 갤러리 콘셉트를 준비한다. 어떤 브랜드는 브랜드 자체로는 MZ세대의 이목을 집중시키기 어렵다 판단하여 힙한 브랜드, 또는 MZ세대의 취향을 저격하는 브랜드와의 콜라보레이션을 통해 오픈 라운지 같은 콘셉트를 세우기도 한다.

브랜드 콘셉트를 잡는다는 것은 팝업스토어에서 보여 주고자 하는 목적이 무엇인지 파악하고 이를 구체화하는 과정이다. 그 과정에서 타깃 소비자층이 정의되고, 타깃이 좋아할 만한 콘셉트가 나온다. 이에 맞는 스토리와 공간을 기획해서 긍정적인 고객 여정을 설계해야 한다. 그리고 이 콘셉트가 무엇인지에 따라서 팝업스토어를 홍보할 방법을 정해야 한다. 팝업스토어는 콘셉팅을 잘해야 소비자가 구경하러 오게 할 수 있다.

수면 전문 브랜드 시몬스는 다양한 콘셉트로 오프라인 매장을 열어 팝업스토어의 신기원을 열었다. 침대를 만드는 회사가 성수에서 '하드웨어 스토어' 콘셉트로 긴 줄을 세우기도 했다. 그 인기에 힘입어 부산 전포동에서도 매장을 오픈할 때,

부산을 대표하는 사운드숍이자 패션 브랜드인 발란사와 함께 로컬 콜라보레이션을 시도하기도 했다. 시몬스는 이미 시몬스 테라스로 이천까지 많은 인파를 끌고 온 경험이 있었다. 이를 토대로 유쾌하고 실험적인 미디어 광고와 함께 청담, 해운대 등 다양한 곳에서 시몬스 그로서리 스토어라는 실험적 팝업스토어를 열었다. 지역과 지역, 사람과 사람을 잇는 '소셜라이징'

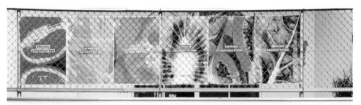

시몬스는 침대와 전혀 어울릴 것 같지 않은 하드웨어 스토어, 그로서리 스토어로 재미를 선사하고 브랜드의 긴 역사를 힙하게 전달했다.

프로젝트를 통해 시몬스는 팬데믹 동안 더 중요해진 수면 문화를 선도하고 소비자에게 젊은 브랜드라는 인식을 심어줄 수 있었다.

온라인 편집 숍으로 시작한 29CM는 성수에 이어 최근 뜨고 있는 삼각지에서 '29맨션'이라는 콘셉트로 팝업스토어를 열었다. 무신사에 합병된 이후, 무신사의 온라인 취향 셀렉트숍이 된 29CM의 29맨션은 브랜드 캠페인 '당신29하던 삶'이라는 브랜드 캠페인의 오프라인 확장 채널로 충

29맨션은 한 건물을 전체를 편안하고 힙한 장소로 변경시키고 층마다 인스타그래머블한 공간을 만들었다.

분히 활용하고 있다. 29맨션은 브랜드 슬로건에 맞게 여타 쇼핑몰과 다르게 상품을 부각시키고 프리젠테이션한다는 콘셉트로 주목받았다. 29CM는 무신사에 합병된 이후에도 성수동에 국내외 프리미엄 리빙 브랜드를 소개하는 플래그십스토어 'TTRS'를 열었다. 그들은 전략적으로 팝업스토어와 플래그십스토어를 운영하며 소비자와 직접 만나 소통하고, 자신만의 감각과 상품 소싱 능력을 자랑한다.

목적에 따라 콘셉트를 정한다는 것이 쉬워 보일 수 있다.

하지만 브랜드가 하고 싶은 이야기를 소비자가 듣고, 보고, 경험해 보고 싶은 콘셉트를 만들어 제시하기란 보통 쉬운 일이 아니다. 브랜드가 하고 싶은 이야기에 매몰되면 소비자는 지루해할 수밖에 없고, 소비자가 원하는 재미만 찾다가는 브랜드의 이야기가 사라지기도 한다.

팝업스토어를 종합 예술이라고 하는 이유는 책이나 노래 등 창작물을 만들어 베스트셀러로 만드는 과정과 비슷하기 때문이다. 콘셉트를 너무 난해하게 잡으면 소비자들에게 그 뜻이 왜곡되어 전달되기 쉽고, 콘셉트를 너무 심플하게 만들면 정성이 없다고 여겨질 수 있다. 상품을 만드는 것과 경험을 전달하는 것은 비슷한 듯하지만 다르다. 상품과 달리, 경험에는 감정적 울림이 동반하기 때문이다. 감정적 울림을 만들어 내는 콘셉트가 가장 성공할 수 있는 콘셉트다.

## 요즘 유행하는 공간 콘셉트

### 지속 가능성

지속 가능성이란 특정한 과정이나 상태를 유지할 수 있는 능력이다. 그러나 최근 과학 기술이 예측하지 못할 만큼 빠르게 변함과 동시에 전쟁, 기후 변화 등 인류의 삶이 언젠가 멈출 수 있다는 불안이 커지고 있다. 이러한 사회 분위기에 따라 최근에는 이 의미가 확장되어, 미래 세대의 가능성을 제약하지 않기 위해 현재 삶의 형태를 지속할 수 있는 노력이라는 뜻으로 그 의미가 확장되었다. 현 세대가 사회적 흐름에 따라 노력해야 하는 부분이자, 이런 변화에 동참해야 한다는 시대의 역설(力說)이기도 하다. 소비자들은 이제 지속 가능성에 대한 철학이 없는 기업의 제품을 멀리하고, 브랜드 가치에 진정성이 있는 파타고니아 같은 브랜드에 열광한다. 참고로 파타고니아의 창립자 겸 회장 이본 쉬나드(Yvon Chouinard)는 1970년대부터 친환경 기업이라는 가치관 하에 경영했으며, 2022년 4조 원 가량의 회사 전체 지분을 환경 보호 단체에 기부하여 큰 화제를 모은 바 있다.

뷰티 브랜드들도 환경에 영향을 주는 행위에서 벗어나고자 원료부터 패키지까지 각자 영역에서 환경 파

괴를 최소화하는 자사의 노력을 소비자들에게 어필하고
있고, 소비자들은 이런 브랜드를 선택한다. 뷰티 브랜드
아로마티카는 신사동 플래그십스토어에 제품 리필 스테
이션을 꾸려 플라스틱 용기 사용을 최소화할 뿐만 아니
라, 제공되는 용기를 모두 폐플라스틱 용기로 준비해 자
원 순환의 과정을 보여 주기도 했다.

진심이 느껴지는 브랜드에 소비자는 마음을 움직
인다. 팝업스토어를 하
나 열더라도 지속 가능
성에 대한 고민이 담겨
야 한다. 브랜드가 할
수 있는 만큼만이라도
최대한의 노력이 보이
면 팝업스토어의 의미
를 더해줄 것이다.

아로마티카 플래그십스토어는 리필 스테이션이
있어서 가져온 용기에 원하는 용량 만큼 판매를
하고 있다.

## 커뮤니티

가격 경쟁력에서 상품 경쟁력을 넘어, 브랜드 경쟁
력에 따라 소비 문화는 진화해 왔다. 지금은 팬덤이 만
드는 경쟁력이 기업이나 브랜드의 지속성을 좌우한다.
유명 아이돌 그룹 BTS의 팬클럽 아미가 현재의 BTS 존

재에 영향을 주었듯, 브랜드나 기업에 충성하는 팬이 있다는 것은 천군만마를 등에 업은 것과 같다. 더현대 서울에서 뉴진스, 원소주, 슬램덩크의 팝업스토어가 열렸을 때 장사진을 이룬 팬들은 그 어떤 마케팅 효과보다 탁월한 서포터이자 마케터였다.

더현대 서울은 특히 팬덤이 두터운 아이돌이나 원소주 같이 핫한 아이템의 팝업스토어를 유치해 오픈런을 만든다. 사진은 아이돌 그룹 스트레이 키즈의 '스키주' 팝업스토어 모습이다.

커뮤니티의 의미는 다양하게 사용된다. 팬클럽처럼 강력한 충성도와 결집력을 갖추지 않아도 공통의 목적을 위해 사람들이 모이면 이 또한 커뮤니티라고 볼 수 있을 것이다. 어떤 특정 주제에 관심을 가진 사람들이 모인 곳을 의미하기도 하고, 팬들의 모임이나 스터디 혹은 취미를 공유하는 사람들의 모임을 의미하기도 한다. 에피소드나 맹그로브 같은 임대 사업 브랜드들은 입주민들이 서로 선한 영향력을 주고받을 수 있도록 커뮤니티 활동을 준비하고 지원하기도 한다.

### 온앤오프(On&Off)

　디지털 시대가 열리면서 온라인 세상과 오프라인 세상이 달리 움직였다. 기술이 발달하고 물리적 공간이 사이버 공간에 복제되는 동안 온오프라인이 점점 매끄럽게 연결되었고, 두 영역을 나누는 것은 의미가 없게 되었다. 구글은 이 같은 시대의 고객 접점 서비스(MOT, Moments of Truth)는 온라인에서 시작된다고 하였다. 또한 소비자 여정의 모든 부문이 고객 접점 서비스가 된다고 하여 '구매 행동 전 온라인의 모든 순간'을 뜻하는 ZMOT(Zero MOT)라는 개념을 제시했다. 소비자와 만나는 모든 접점의 하나하나에 특별한 경험을 제공할 수 있다는 것이다.

신라면 팝업스토어는 AR 서비스 공간 제페토에서 신라면을 끓이는 체험과 이를 오프라인에 재연해 경험의 연결을 시도했다. 이 과정을 통해 소비자는 직접 먹을 수 있는 라면에 열광했다.

신라면은 팝업스토어를 열기 전에 메타버스 플랫폼 제페토를 통해 신라면을 끓여 보고, 같은 모습을 오프라인 팝업스토어에 담아 오감으로 신라면을 느끼게 했다. 디올 성수는 예약 과정에 VR 기술을 도입해 디올의 감성을 느끼게 하며 럭셔리 브랜드의 우아함과 고급스러움을 미리 경험하게 했다. 온라인과 오프라인을 구분하는 것은 더 이상 의미가 없다.

## 취향 저격

취향이라는 말이 이렇게 많이 사용되는 때가 있었나 싶다. 취향이 중요해졌다는 것은 인간의 삶이 조직에서 개인으로 파편화되었다는 의미이다. 통계청 자료(2020-2050년 장래가구추계, 2022)에 의하면 1~2인 가구 비율은 2020년 기준 59.2%였고, 2050년에는 75.8%가 될 것으로 예측된다. 이는 가족 중심의 문화에서 개인 중심의 문화로 바뀌었음을 증명하는 수치이다. 또한 우리나라의 핸드폰 보급률은 2019년 이미 100%에 달했다.[*] 누구나 하나의 컴퓨터를 하나씩 가지고 다닌다는 의미이다.

이는 누구에게나 맞춤형으로 정보와 콘텐츠를 제공할 수 있다는 뜻이기도 하다. 이런 수치가 의미하듯 모

[*] 고릿태, "톡빈 95%가 스마트폰 사용…보급률 1위 꼭기는?", KBS뉴스, 2019.02.11., https://news.kbs.co.kr/news/pc/view/view.do?ncd=4135732

자전거로 출근하는 사람이나 취미로 즐기는 사
람들이 늘어나면서 자전거만 전문으로 취급하
는 공간들이 늘어나고 있다. 세빛둥둥섬에 있었
던 라이트브라더스 매장은 라이더의 천국이다.

든 공간과 환경들이 개인의 취향을 존중하고 다양한 취향을 담을 수 있도록 획일화하지 않고 다양성을 추구하는 모습으로 변화하고 있다. 모든 소비자를 만족시키기보다는 확실한 취향을 가진 고객을 저격하려는 형태로 비즈니스나 공간들이 변화하고 있다. 팝업스토어도 마찬가지로, 대중적이지 않더라도 충성 고객들만을 위한 공간을 만들어 초대하곤 한다.

## 대자연(플랜테리어)

교외 카페를 가면 그 규모에 한 번 놀라고, 자연 속에 온 것 같은 거대한 숲 콘셉트에 놀라기도 한다. 인류의 문화가 산업화로 황폐해져서 그런지, 인류는 자연의 감성을 느끼고, 보존하고 싶어한다. 캠핑 문화가 발달한 것에는 취향이나 취미, 경제적 자유로움 등 다양한 이유가 있지만 그 중에서도 자연에서의 하룻밤을 잊지 못하기 때문이다. 자연에 대한 갈망으로 '플랜테리어(Plante-rior)'라는 용어가 나오면서 식물에 대한 관심이 폭발했다. 비즈니스 공간에서는 단지 식물이 있는 것만으로 소비자의 관심을 얻기는 부족하다고 느꼈는지, 이제 숲을 그대로 옮겨 둔 것 같은 카페들이 더욱 인기다. 르메르디앙과 목시 호텔이 오픈하면서 성수에 팝업스토어를

르메르디앙 호텔은 호텔 최초로 성수에서 런칭 팝업스토어를 열면서 기존 호텔에서 시도하지 않은 런칭 쇼를 진행했다. 플랜테리어 아트를 테마로 잠재 고객을 초대한다.

열었을 때 몽유적인 플랜테리어 공간이 핫 스팟이 되었다. 이런 시도는 장르를 가르지 않고 보여지고 있다.

### 오감 만족

온라인에서 아직까지 구현되지 못한 것들이 후각과 미각, 촉각이다. 물론 장치를 이용해서 향을 뿌려 주거나 바림이나 흔들림, 물보라까지 재연하는 4D 영화관도 있지만 일상 속 사이버 공간은 여전히 시각과 청각 중심이다. 반면 오프라인 공간은 감각에 제약이 없다. 그래서 팝업스토어나 공간 설계를 할 때 신경 쓰는 테마 중에 하나가 오감이다. 향을 맡아 보고, 맛을 보고, 눈과 귀를 동시에 집중하게 하고, 손으로 만져 보는 다양한 체험 스팟을 만들어 소비자의 오감을 즐겁게 한다. 오감을 풍부하게 설계하는 것이 팝업스토어의 기본이 되었다.

파이롯트 코리아는 작은 공간이지만 사무실 콘셉트로 알차게 꾸미고 직접 명찰도 만들고 펜들을 다 경험해보도록 수첩을 준비했다. 촉각과 시각, 청각이 즐거운 공간이다.

콘셉트를 만들어 주는 재료는 이야기다. 어떤 팝업 스토어든 소비자에게 어떤 이야기를 하고 싶은가, 우리만의 고유한 스토리를 어떻게 전달하고 흥미롭게 할 것인가를 첫 번째로 고민해야 한다. 탬버린즈와 젠틀몬스터, 누데이크를 운영하는 아이아이컴바인드는 아트 워크를 통해 자신들이 소비자에게 하고 싶은 이야기를 전개하는 것으로 유명하다. 이는 역사가 짧은 브랜드로서 잘 선택한 전략이다. 소비자의 관심을 끌 수 있는 이야기를 담은 작품은 이 이야기를 전달하는 매개체 역할을 한다. 탬버린즈는 신당동에서 새로운 향수를 출시할 때, 어떤 공간을 꾸밀까를 고민하기 전에 어떤 이야기를 전달할까 고민했을 것이다. 이번 콘셉트는 '한 줌의 위안'이었다. 향수라는 물건에는 여러 역할이 있지만, 그 중 사용자의 심신 안정도 중요한 역할이다. 이를 전달하기 위해 교회였던 건물을 바탕으로 대형 거인 오브제를 설치함

탬버린즈는 신제품을 출시하면서 교회 건물을 리모델링하고 그 안에 대형 거인을 전시하여 '한 줌의 위안'이라는 스토리를 담아 많은 호평을 받았다.

으로써 모든 시선을 압도하고, 반대로 묘한 안정감을 주기도 했다. 탬버린즈는 자신의 제품뿐만 아니라 공간을 활용하여 고객들에게 자사가 의도한 바를 충분히 전달한 것이다. 이렇듯 소비자에게 들려줄 이야기를 정하고, 이 이야기가 꼬리에 꼬리를 물어 이어질 수 있도록 이야깃거리를 던져 주어야 제대로 된 팝업스토어라고 할 수 있다.

## 로컬 감성

팝업스토어 장소를 어디에 두느냐에 따라 콘셉트도 달라질 수 있다. 로컬 감성이라고 해서 꼭 지역색을 보여야 한다는 의미는 아니다. 공간은 공간의 위치에 따라 특성과 모습이 달라지는 게 당연하다. 그런 특성을 활용한다면 지역의 색깔 위에 기업이나 브랜드의 색깔을 입힐 수 있다는 장점이 있다. 그리고 그 지역 감성은 새로움과 또 다른 이야기로 연결될 수 있는 것이다. 기업들도 지역에 공간을 만들 때는 지역 정서와 그 공간의 특성에 따라 설계한다. 과거 힙한 거리로 유명했던 장소들은 소비 지역으로서 모이는 사람들의 특성이 반영되었다면, 지금은 지역의 색깔이 담긴 공간을 찾아가는 문화가 자리 잡고 있다.

프랜차이즈로 대표되는 서울 중심의 문화 산업 발달 시기에는 서울 프랜차이즈 브랜드의 지역 진출이 뉴스거리였지만 지금은 지역 대표 카페나 버거집이 서울에서 소비자를 만나는 것이 흔한 일이 되었다. 익선동과 삼청동에서 각각 기대하는 감성이 있고, 홍대에서, 부산에서, 제주에서 만나고 싶은 감성이 있다. 팝업스토어의 성

무신사는 성수에 있는 기름 판매소를 사들이고 리뉴얼 전까지 브랜드 외벽 광고를 할 수 있도록 했다. 이 건물은 모양을 그대로 유지한 채 리모델링되어 편집 숍으로 활용 중이다.

지로 불리는 성수는 준공업 지역있던 곳의 특성인 대형 건물과 빨간 벽돌 건물, 공장의 모습 등을 그대로 반영하여 공간을 만들고, 이야기를 만든다. 글로벌 스탠다드와 로컬 스탠다드가 혼합되지 않으면 소비자의 외면을 받는 시대가 되었다.

## 스며든 아트 컬렉션

팝업스토어에 예술 작품들이 등장하는 것은 더이상 새로운 일이 아니다. 브랜드와 어울리는 작가들과의 협

업을 통해 그들의 작품으로 공간을 꾸미고, 브랜드나 기업이 하고 싶은 이야기를 자연스럽게 풀어낸다. 아트 워크를 공간에 가장 잘 스며들게 한 브랜드인 젠틀몬스터를 시작으로 팝업스토어에도 다양한 장르의 작품들이 곳곳

젠틀몬스터 홍대점에 전시된 아트 워크들은 의미심장한 은유를 통해 브랜드의 정체성을 표현하고 있다. 아이웨어를 파는 곳인지라 눈과 세상이라는 주제가 많이 다뤄진다.

에 전시되거나 아이템으로 사용되고는 한다. 삼성전자의 Z플립4 팝업스토어에서는 AI가 만든 작품을 사진으로 인화해 주는 서비스를 통해 소비자의 흥미를 유도하고, 새로운 기능에 대한 호기심을 자극하기도 했다. 일부 계층의 전유물이었던 예술 작품들이 대중 문화로 확산되었고, 다수의 소비자들이 여기에 관심을 갖기 시작하면서 공간 설계에 있어 빠지지 않는 아이템이 되었다.

POPUP STORE!

4

# 4

## 천군만마를 얻는
## 콜라보레이션 전략

요즘처럼 콜라보레이션이 흔한 일이 된 적도 없다. 물론 넓게 보면 협력 회사들과 함께 만드는 자동차나 비행기도 콜라보레이션의 일종이라고 볼 수 있다. 하지만 지금의 콜라보레이션은 주로 브랜드 간의 콜라보레이션을 의미한다.

특히 곰표 브랜드는 영화, 맥주, 의류, 팝콘, 화장품 등 장르를 가리지 않는 횡보를 통해 콜라보레이션의 대명사가 되기도 했다. 이런 협업을 통해서 '밀가루 회사', 'B2B 회사'라고만 알려졌던 대한제분은 젊은 소비자들에게 친숙하게 다가갔고, 새로운 제품들을 선보이고 있다. 콜라보레이션을 통한 이미지 변신이 더 일렀다면 좋았겠지만 시너지는 충분히 누렸다. 우리 브랜드 단독의 이벤트도 좋지만 팝업스토어를 여는 기업이나 브랜드 입장에서 여러 힙한 브랜드와의 협업을 통해서 콘텐츠를 확장하고 더 넓은 세계관을 가지고 소비자를 만나는 것이 좋다.

콜라보레이션의 장점은 본업을 잘 하는 기업끼리 만났을 때 시너지를 낸다는 점이다. 하지만 서로의 장점을 희석시키는 경우도 있다. 기획 단계에서 그냥 '저기랑 하면 좋겠다'라는 식의 애매한 판단이 아니라 '이러이러한 점이 우리의 소비자와 저 브랜드의 소비자를 동시에 만족시키니, 이런 콘텐츠를 만들면 타깃층을 확장할 수 있을 것이다'처럼 합당한 근거를 기반 삼아 구체적으로 협업을 기획해야 한다. 콜라보레이션은 편의점이나 마트에서도 자주 볼 수 있기 때문에 식상한 면도 있다. 하지만 팝업스토어에서 영리한 콜라보레이션은 열 개 서브 브랜드도 부럽지 않다.

콜라보레이션을 성공시키기 위해선 파트너가 가장 중요하다. 서로에게 시너지를 내는 파트너를 찾아라. 단순히 들러리로 세우는 파트너를 고른다면 비용만 들어갈 뿐, 효과는 미미할 수 있다. 나이키와 애플의 콜라보레이션처럼 각 회사의 장점이 확실히 작용하고, 시너지 효과도 각자 나눠 가질 수 있어야 한다.

콜라보레이션을 진행할 때는 각 브랜드의 정체성을 묻히게 하지 않으면서도 두 조합의 독특함이 발산되어야 한다. 앞서 본 곰표의 사례에서도 곰표의 인지도와 이미지가 너무 세게 작용하여 같이 합을 맞추는 브랜드가 어떤 곳이었는지 잘 드러나지 않는 경우가 있다. 이처럼 상대 브랜드 파워에 밀려 우리 브랜드를 각인시키지 못할 경우를 대비해야 한다. 그리고 두 브랜드의 장점만을 모은 하나의 USP(Unique Selling Proposition)가 있어야 한다. 브릭 장난감과 레고와 아디다스 만남에서 레고는 아디다스 운동화 모양의 레고 시리즈를 발매했고, 아디다스는 레고의 콘셉트를 담은 운동화를 만들어 시선을 모았다.

콜라보레이션이 조화로운 이벤트가 되려면 두 파트너 브랜드 간 시너지가 날 수 있는 스토리가 있어야 한다. 초콜릿 제과 브랜드 스니커즈는 우연한 인연을 바탕으로 BTS와 협업을 진행하기도 했다. 과거 BTS 신곡 뮤직비디오에 스니커즈를 소품으로 활용한 장면이 등장한 것이다. 이를 계기

스니커즈는 BTS의 노래에서 콘셉트를 가져와 포장에 BTS 노래 제목을 인쇄한 한정판을 내놓고 팝업스토어를 열었다. 단순한 콘셉트에도 많은 사람을 불러 모았다.

로 스니커즈와 BTS는 콜라보레이션을 진행했는데, BTS 노래 8곡의 제목이 적힌 한정판 제품을 출시하여 팬들로부터 큰 반응을 이끌었다. 제품 출시뿐만 아니라 팝업스토어도 한시적으로 운영했는데, 기간이 짧았으나 호응이 좋았던 사례였다.

지금은 팝업스토어 전성시대이기도 하지만 콜라보레이션의 전성시대다. 산업과 콘텐츠의 경계가 무의미하다. 기업이나 브랜드도 이런 흐름을 잘 알고 있다. 콜라보레이션은 'Co-Marketing', 혹은 제휴 마케팅이라고 할 수 있다. 기업 간 기술 협력이나 컨소시엄(Consortium) 같은 것도 넓게 보면 콜라보레이션이다. 팝업스토어의 콜라보레이션은 두 브랜드의 협업을 통해 시너지를 낼 수 있기 때문에 진행된다. 앞서 언급한 신라면×제페토 팝업스토어도 신라면이 제페토라는 가상 공간에서 카페테리아를 열면서 가능해진 것이다. 신라면이 제페토의 온라인 공간을 대여한 것으로 볼 수 있지만, 오프라인에서는 협업으로 진행되었다.

콜라보레이션을 진행하는 이유는 간단하다. 브랜드에 존재하는 아쉬운 부분 때문이다. 혼자 진행하기에는 예산이나 흥행 정도를 가늠하기 어려울 때, 이미 인지도가 높거나 장소적 매력이 있는 곳을 선택하는 것이다. SKT는 삼성의 Z플립 출시와 함께 자사 고객에 한하여 성수에서 가장 핫한 공간 중 하나인 피치스에서 원더파티를 운영했다. 유명 셀럽들을 불러 토크 콘서트를 진행하고, 추첨을 통해 VIP 라운지 이용할 수 있는 혜택을 제공해 로열티를 높였다.

도산에서 열린 '도깨비 만두바'는 CJ의 비비고와 제주맥주가 콜라보레이션을 통해 연 팝업스토어다. 비비고 만두를 메인 메뉴로 하고 제주맥주를 세트로 제공해서 새로운 즐거움을 선사했다. 도깨비를 주제로 사전 온라인 홍보도 열심히 한 결과, 운영 기간 내내 소비자들의 방문이 줄을 이었다.

코카콜라는 주로 단독으로 팝업스토어를 많이 하지만 최근에는 성수 피치스에서 마시멜로우라는 DJ와 만든 콜라보 상품 '코카콜라 제로 마시멜로우'를 선보이고, 홍대에서

CJ의 비비고와 제주맥주는 도산에 콜라보레이션 팝업스토어를 열었다. 비비고 만두의 다양한 맛과 제주맥주의 제주 감성이 더해지고, 김치맥주를 선보이는 파격으로 즐거움을 선사했다.

는 아르떼 뮤지엄과 함께 미디어아트를 선보였다. 이미지 과다 노출로 이벤트가 식상해질 경우, 신선한 조합의 콜라보레이션은 재밌는 아이템의 결합으로 시너지를 내게 된다.

팝업스토어에 콜라보레이션 상품들이 많이 보여서 쉬워 보일 수 있다. 하지만 콜라보레이션은 다른 성격의 회사나 브랜드의 합동 작전이라는 면에서 조율해야 하는 것도, 선택해야 하는 것도, 준비해야 하는 것도 많다. 반대로 두 브랜드의 강한 이미지가 자기 브랜드의 경험을 감소시킬 수도 있어서 서로의 장점이 부각될 수 있도록 팝업스토어를 준비하는 것이 가장 중요하다.

좋은 콜라보레이션을 만들기 위해서는 시너지를 생각해야

한다. 두 브랜드 중 하나만 주목받지 않고, 두 브랜드의 장점이 시너지로 더 큰 재미를 줄 수 있도록 설계 단계에서 단단한 협의가 필요하다. 각 브랜드의 색깔을 유지하면서도 하나의 목소리로 즐거움을 줄 수 있어야 한다. 메인 테마와 콘셉트를 비롯해 중요한 결정 사항들은 꼭 두 브랜드의 기획자가 함께 결정해야 한다.

콜라보레이션은 우리 회사나 브랜드의 약점을 보완해 주는 곳과 함께 해야 한다. 너무 한 곳이 튀는 콜라보레이션을 진행한다면 우리의 약점이 커 보이거나 존재감이 없어 보이는 팝업스토어가 될 수도 있다. 콜라보레이션의 시작은 담당자의 손에서 시작된다. 마케터들의 네크워크에서 활동하거나 스터디를 하다 보면 좋은 콜라보 상대를 만날 기회가 생긴다.

콜드콜(관계가 없는 상대와의 전화)을 두려워하면 콜라보레이션을 하기 힘들다. 협업하고자 하는 브랜드가 있다면 고객센터부터 시작해서 담당자를 찾아 연락하고 기획을 공유하고 실행을 준비하자. 킥오프 미팅(Kick-Off Meeting)을 하는 데 시간은 많이 걸릴 수도 있지만 탑다운(Top Down) 형식보다 더 성과가 좋다.

# 3장

# 타기팅의 법칙

# 5

## 다섯 번째,
## 고객의 의사 결정 과정을
## 작성하라

건축물을 지을 때는 블루 프린트(Blueprint)를 만든다. 우리 말로 '청사진'이라 부르기도 한다. 어떤 일을 할 때 청사진을 제시한다는 것은 앞으로 존재하게 될 공간, 혹은 진행하게 될 작업의 밑그림을 보여 준다는 뜻이다. 다른 의미로는 기획자가 구상한 최상의 상태를 그려 낸다는 점에서 희망적인 메시지를 제시하겠다는 의미가 내포되어 있기도 하다.

고객의 의사 결정 과정은 보이는 것과 달리 단순하지 않다. 고객의 구매 여정이 퍼널(Funnel)이나 AIDMA 모델(Attention-Interest-Desire-Memory-Action)로 정의되는 시절엔 관리해야 할 채널 수도 적었고, 마케팅 방식이라고 하면 할인 이벤트만 떠오를 만큼 매우 심플했다. 고객을 유혹하는 방법이 복잡하

| 과거 마케팅 비중 | | |
|---|---|---|
| 상품 | 서비스 | 경험 |

| 미래 마케팅 비중 | | |
|---|---|---|
| 상품 | 서비스 | 경험 |

구매 결정에 영향을 미치는 고객 접점(MOT)의 범주가 넓어짐과 동시에 고객이 가진 정보력이 기업의 정보력을 뛰어 넘고 있다. 그래서 고객 경험이 중요하다.

지 않으니 고민할 것도 많지 않았다. 뛰어난 성능을 어필하거나 가격을 저렴히 낮추는 등 원초적인 제품 중심 마케팅에 충실하면 되었다. 하지만 언젠가부터 고객이 어디에서, 어떻게 유입되는지 알 수 없는 시대가 되며 모든 기업이 고객 유입 과정을 역추적하는 데 한마음이 되기 시작했다. 이와 동시에 소비자의 경험이 상품 구매 또는 서비스 이용 여부를 결정하는 데 지대한 역할을 하기 시작하면서 어느 회사나 고객 경험(CX, Customer Experience)을 강조하기 시작했다. 그래서 마케팅이 집중하는 영역이 서서히 달라지기 시작했다.

팝업스토어를 기획하는 것은 기업이 고객의 구매 의사 결정 여정을 분석하는 것과 크게 다르지 않다. 마찬가지로 특정 프로모션을 기획하는 과정에다 공간을 꾸미고 운영하는 과정을 더한다고 보면 된다. 물론 '공간'이라는 단어가 추가된 것만으로도 기획의 난이도가 상승한다. 소비자가 공간의 정보를 어디서, 어떻게 얻게 될 것인지를 알아내서 팝업스토어를 알리고, 불특정 다수의 소비자들이 자사의 팝업스토어에 방문할 수 있도록 온오프라인의 경계를 넘나들며 효과적인 홍보 방법을 설계해야 한다. 물론 단순히 '팝업스토어의 존재' 여부를 알리는 데 그친다면 고객은 그저 식상한 홍보글일 뿐이라고 인식해 버릴 수 있다. 꼭 그곳에 가서 사진을 찍고 인증을 해야겠다고 생각할 만큼 팝업스토어와 브랜드에 대한 기대감이 소비자들과 시장 저변에 퍼지도록 여정을 확인하고 라인을 정리해야 한다. 그리고 온라인과 마찬가지로 오프라인 공간의 여정을 촘촘하게 기획하는 것이 중요하다. 입구에 들어설 때부터 출구로 나갈 때까지, 고객이 최대한 즐기고 방문 흔적을 SNS에 남길 수 있도록 해야 한다. 기업은 이를 위해 다양한 트리거를 준비하여 고객에게 후회 없는 만족을 줄 수 있도록 설계해야 한다.

크리스찬 디올 뷰티는 크리스마스를 앞두고 익선동에서 팝업스토어를 오픈했다. 온라인상에서 여러 정보 제공 사이트나 개인 SNS, 그리고 디올 뷰티가 올린 캠페인 소식을 보고 사람들은 몰려 들었다. 이 과정에서 로열티와 함께 고객 경험이 가장 중요하게 다뤄졌다. 디올 뷰티는 팝업스토어에서 이국적인 크리스마스를 경험하고 사진으로 남길 수 있도록 크리스마스 콘셉트의 포토 스팟을 소비자 취향에 맞게 설계했다. 그곳에서 찍은 사진을 인스타그램에 업로드하고 구매 지점으로 이동시켜 자연스럽게 자사에서 겨울 선물을 준비하도록 했다. 이처럼 오프라인에서는 물 흐르듯 자연스러운 동선과 구매의 유혹 과정을 잘 설계했다. 동시에 온라인에서도 고객들이 빠르게 빠져나가지 않도록 별자리 안내 문구를 넣어 자연스럽게 홈페이지 체류 시간이 길어지도록 여정을 설계해 놓았다.

크리스찬 디올 뷰티는 크리스마스 시즌에 어울리는 포토스팟으로 소비자의 감성을 자극한 후, 구매 공간으로 자연스럽게 이동시켜 선물을 구매케하는 여정을 설계한다.

크리스찬 디올 뷰티의 팝업스토어에는 고객의 구매 의사 결정 과정을 A부터 Z까지 하나하나 꼼꼼하게 준비한 모습이 고스란히 반영되었다. 이런 공간이라면 소비자도, 운영자도 즐겁게 팝업스토어를 즐길 수 있지 않을까?

# 6

## 여섯 번째,
## 지금 세대가 원하는 경험을 제공한다

팝업스토어에서는 기존 상설 매장과 달리 브랜드가 원하는 경험이 아니라 소비자가 원하는 경험을 제공해야 한다. 팝업스토어가 아무리 여러 장점을 가지고 있다고 해도 기획 자체가 재미없거나 긍정적 경험을 주지 못하고, 새로운 것 없이 뻔한 제품만 진열되는 등, 철저히 설계하지 않아 소비자들의 외면을 받는 경우가 많다. MZ세대라고 좁힐 것도 없이 누구에게나 그저 그런, 재미없고 뻔한 팝업스토어로 존재감을 잃는다. 지금 세대는 직접 만지고, 듣고, 사진과 영상을 촬영하여 기록하고, 그것들을 보는 행위를 즐긴다. 그렇기 때문에 기업은 팝업스토어 공간의 전체 동선에 자신들의 상품과 서비스가 소비자들의 소비 트렌드와 어떻게 어우러질 수 있을지 고민하고 설계하는 전략을 가져야 한다.

'MZ세대', '디지털 시대'라는 어색한 단어가 붙어 있어 낯설어 보이지만 어느 시대나 유행과 그 시작을 여는 트렌드 리더가 있었다. 이들이 먼저 하는 것들은 대중들에게 퍼져나간다. 온라인 시대가 시작되기 전에도 속도가 좀 늦었을 뿐이지 TV나 잡지를 통해 대중이 원하는 것들은 정해져 있었다. X세대도 기성세대와 다른 옷을 입고 자유로운 헤어스타일로 지루한 일상으로부터 해방감을 느끼고 싶어 했으며, 그 시대의 유행을 선도했다. MZ세대들도 나름대로 자신만의 가치관과 세계관, 세상을 살아가는 방법이 있다. 이들이 추구하는 방향과 맞는 브랜드가 공간을 만들면 자연스럽게 찾아들고 공유하고 기록을 남긴다. 롤 모델로 삼았던 아이돌의 스타일을 닮고 싶고, 직접 본 공연의 주인공과 사진을 찍고 싶고, 좋아하는 캐릭터와 관련된 굿즈를 수집하고 싶은 마음은 예나 지금이나 다르지 않다. 이 점을 명확히 인지하고 소비자들이 제품과 서비스를 소비하기까지 경험 여정을 알아야 한다. 그리고 팝업스토어를 오픈할 때도 전체적인 과정을 꼼꼼히 살펴보고, 이 과정을 경험하게 할 수 있도록 부족한 부분이나 미진한 부분을 오픈 전에 채워야 한다.

그렇다면 과연 대중이 원하는 경험은 무엇인가? 정답은 그 브랜드를 가장 잘 아는 이들인 마케터와 기획자, 참여자들이 찾을 수 있다. 다만 내부에 익숙해진 눈으로 밖을 바라보기란 쉽지 않다. 이런 상황 때문에 합이 잘 맞는 대행사와 협업하고 내부에서도 적극적으로 지원하는 등, 대내외적인 노력과 의견 교류가 조화롭게 이뤄져야 한다.

흐르는 강의 강변에는 물이 머무르지 않는다. 시장 역시 멈추지 않는 강물과 같다. 마케터와 기획자는 시시각각 변하는 소비자의 마음을 사로잡을 방법을 알아야 한다. 소비자가 진심으로 원하는 것은 감정의 울림과 기대 이상의 가치다. 팝업스토어에 새로운 게 있고, 재미와 감동이 있고, 상상 이상의 이익이 있다면 반드시 그곳에 소비자들이 모여들 것이다.

스트릿 의류 브랜드 피지컬에듀케이션디파트먼트(PHYPS, 이하 핍스)는 국내 최초로 세계적인 탁구 브랜드 버터플라이와 함께 팝업스토어를 열었다. 핍스의 캐주얼 룩과 '나비'의 날갯짓이라는 상징이 만나 동심과 자유로움을 담아냈다. 이와 함께 독보적인 캐릭터로 인기 있는 '다나카상'을 모델로 삼아 제품들의 통쾌함과 재기발랄함을 더했다. 팝업스토어 공간에서는 두 브랜드의 이미지를 적절히 융합한 제품을 내놓을 뿐만 아니라 직접 탁구를 쳐

의류 브랜드 핍스와 탁구 브랜드 버터플라이가 함께 'WING(날개)'라는 주제로 성수 무신사 테라스에 팝업스토어를 열었다.

볼 수 있는 탁구대가 놓여 있고, 다나카상의 팬사인회도 진행되어 소비자들의 발길을 이끌었다.

　소비자는 브랜드의 여정을 공부하듯이 찾아야 하는 팝업스토어를 좋아하지 않는다. 처음 온 곳이지만 자주 와 본 것 같은 편안함과 익숙함이 있으면서도, 새로운 세상에 와서 대접받는다는 느낌을 원한다. 똑같은 종류의 아이템을 가지고도 변주를 통해 다양한 체험이 가능하길 바란다. 소비자는 종합 선물 세트를 원한다. 팝업스토어가 많아지다 보니 소비자의 경험도 많이 쌓여서 이제는 웬만한 활동에 즐거워하거나 놀라워하지 않는다.

　뻔한 결과를 예상하고 갔는데 의외의 과정을 겪은 소비자는 브랜드에 대해 긍정적 감정이 새록새록 쌓인다. 기대가 높을수록 그 결과가 평범하다면 실망이 커지지만, 별 기대하지 않고 만나는 색다른 경험은 두 배 이상의 감동을 주기 마련이다. 예를 들어 문구 브랜드 팝업스토어를 방문할 때는 당연히 펜이라는 아이템을 어떻게 활용했을지에 관해 표준적인 기대가 있다. 이러한 고정관념을 역이용한다면 해당 브랜드의 펜을 다양하게 써 보거나 새로운 기능의 펜을 선보인다거나, 다른 캐릭터 브랜드와 콜라보레이션한 펜을 한정 판매할 수도 있다. 뷰티 브랜드에서 팝업스토어가 열렸다면 직접 화장해 보는 코스를 마련하여 새로운 상품을 체험하고 다른 상품과 비교해 보는 등의 경험을 제공할 수 있을 것이다. 이때 브랜드는 일반적으로 기대할 수 있는 콘텐츠를 단순히 나열하지 말고, 소비자의 기대 이상의 새로운 것, 참신한 콘텐츠를 제공할 수 있어야 성공한다.

또한 기업이나 브랜드의 성격에 어울리는 경험을 제공해야 한다. 브랜드 성격과 전혀 어울리지 않는, 생뚱 맞은 여정을 내놓으면 당연히 물음표가 나오기 마련이다. 팝업스토어에서 새로운 경험을 하길 기대했는데 결국은 판매가 목적이었나 생각하게 만드는 브랜드가 있다. 소비자는 그들의 충성도를 핑계 삼아 잿밥에만 관심을 두는 기업에게 실망하기 마련이다.

7

# 7

## 일곱 번째,
## 긍정적인 경험을 제공하는
## 아이템을 선정하라

매장 색깔부터 내부 인테리어와 오브제 하나까지, 팝업을 준비하는 데에는 많은 결정과 탄탄한 준비가 필요하다. 새로운 시도를 해 보되, 기업이나 브랜드의 철학이나 이미지와도 결이 맞아야 한다. 핵심 소비층과 확산 소비층을 어떻게 조화롭게 수용할 것인지도 중요한 결정 요소다. 이 같은 팝업스토어의 목적을 달성하기 위해서는 정말 사소한 부분까지도 철저하게 설계해야 한다. 팝업스토어의 입구에 놓는 안내판과 그 안에 담긴 정보의 양, 모바일과 연결되는 QR코드의 크기나 위치도 무시할 수 없는 요소다. 내부에서 매장을 운용하는 절차와 장치들, 그리고 각 체험 과정에서 이뤄지는 운영 인력의 친절한 안내와 매끄러운 진행, 구매 상품에 도달하여 자연스럽게 구매

할 수 있도록 모든 과정을 구상해야 한다. 하다못해 팝업스토어에서 판매하는 굿즈의 성격과 각 제품의 포장 상태까지, 모든 여정에 있는 접점들이 조화롭게 돌아가지 않으면 그곳은 고객들에게 긍정적 경험으로 남지 않을 수도 있다. 소비자별로 만족의 정의는 저마다 다르고 각 경험을 받아들이는 감수성도 다르기 때문에 항상 신중해야 한다.

모 보드카 브랜드가 성수에서 팝업스토어를 열었다. 꼭 술을 좋아하는 사람이 아니더라도 광고에 관심 있던 소비자는 참신한 광고를 계기로 이 브랜드를 알기 시작했을 수 있다. 인테리어도 잘 꾸미고 장비를 전시하며 보드카의 생산 과정도 잘 설명해 주었다. 문제는 입구에 있었다. 술에 대해 잘 모르는 대학생이 입장하기 위해 키오스크에 나오는 퀴즈를 풀던 중, "어느 나라에서 생산된 술인가?"라는 질문에 "러시아"라고 답했다. 그러자 지나가는 운영진이 틀렸으니 들어갈 수 없다고 해, 그 대학생은 팝업스토어에 들어가 보지도 못한 채 나왔다고 한다. 관계자에게 물어보니 퀴즈를 틀렸다고 못 들어가게 하는 규정은 없다고 한다. 그 직원의 실수가 부정적 바이럴을 하나 만든 것이다.

그리고 대부분 음료나 먹거리가 주 상품인 팝업스토어라면 시식·시음 코너를 제공하는데, 이곳은 칵테일을 판매했지만 별도의 시음 코너는 없었다. 시음과 판매를 같이 하는 게 그리 어려운 일이 아닐 터이다. 보통 소비자들이라면 주류 팝업스토어라고 한다면 당연히 시음을 기대했을 일이다. 주류 팝업스토어가 쉬운 일은 아니나 처음부터 더 고민해 봤더라면 좋지 않았을까?

금정의 경험을 제공하기 위해 담당 실무진들은 팝업스토어의 기획 단계부터 고민해야 한다. 공간의 분위기나 체험, 게임, 사은품, 경품, 미디어 아트, 음악, 운영진, 디지털 연결, 경험 공유 등 팝업스토어에 존재하는 모든 과정이 소비자들에게 금정적으로 남아야 한다. 그럴 수 있으려면 사소한 경험 하나하나까지 요즘 소비자들이 좋아하는 것에 대한 고민의 산물로 탄생되어야 한다.

팝업스토어는 기업이나 브랜드를 처음 접하는 소비자가 이 브랜드는 신선하고 재미있으며, 지갑을 열 만큼 가치 있다고 느낄 수 있는 계기가 되어야 한다. 브랜드를 이미 알고 있는 소비자에게는 기존의 이미지를 살려 더욱 친근하고 친구 같은 편안함을 떠올릴 수 있는 경험을 제공해야 한다.

존재감이 크지 않은 브랜드거나 오래된 브랜드가 긍정적인 경험을 제공해서 힙하게 리브랜딩한 사례가 있다. 모나미는 플래그십스토어를 통해서 자신의 역사를 버리지 않고 친밀한 이미지를 강조하는 경험들을 구성해 한층 더 세련된 이미지를 구축하는 데 성공했다. '관공서에서나 보던 싸구려 볼펜'이라는 이미지에서 '과거 많은 이들이 사용해서 친근감 있지만 색다른 느낌'이라는 브랜드 이미지를 주었다. 공간에 펜과 관련된 전시도 하고 에버랜드와 콜라보레이션을 통해 인기 동물인 푸바오 굿즈를 만들거나, 팬층이 탄탄한 LG트윈스 볼펜을 출시하는 등, 요즘 세대가 좋아할 만한 브랜드와 함께 새로운 제품을 만들어 냈다. 그뿐만 아니라 DIY 코너를 통해 모나미의 대표 상품인 153 볼펜을 다양한 컬러로 만들어 보거나 자신만의 잉크를 만들고, 펜에 각인을 남겨 세상에 하나밖에 없는 볼펜을 만들 수 있도록 했다. 제조업만 하던 브랜드에게 유통은 쉬운 일이 아니지만, 모나미는 몇 곳의 오프라인 매장을 통해 대중에게 긍정적 경험을 잘 전파하였다.

소비자들은 현재 본인들의 관심사에 대한 아이템들이 팝업스토어에 존재하길 원한다. 팝업스토어뿐만 아니라 오프라인 스토어에서도 트렌디하면서 긍정적인 인식이나 이미지를 만드는 과정에 동참하길 바란다. 다만 아이템으로만 사용되고 진심이 담기지 않으면 안 하느니만 못하다. AI, VR, AR, 포토매틱, 지속 가능성, ESG 등 다양한 트렌디한 요소들을 활용하되, 이런 것들이 전체 콘셉트와 잘 어울리도록 세팅해야 한다.

긍정적인 경험을 유도하기 위해 긍정적인 이미지를 가진 아이템을 활용하는 것도 좋은 방법이다. '지속 가능성'이란 주제는 앞으로도 지속적으로 호응을 얻을 수 있는 아이템이다. 폐플라스틱을 재활용한 굿즈나 상품, 캠페인 등을 팝업스토어의 전체 콘셉트에 녹여내도 좋고, 그중 일부분에 활용해도 좋다. 로봇이나 AR, VR 등의 첨단 기술을 이용한 전시 등 색다른 방식으로 소비자의 관심을 유도하는 것도 좋은 방식이다. 다만 팝업스토어 전체를 관통하는 핵심 아이템이 기술이라 하더라도 아날로그와 결합된 모습을 보여 주어야 한다.

친환경 브랜드 플랫폼 아우츠의 팝업스토어 참여 브랜드 중 하나인 오버랩은 레저 스포츠 소재를 재활용한다. 소개란에는 "재밌고 힙해야 지속 가능하다."라는 문구가 적혀 있다.

　팝업스토어의 단발성, 일회성 이미지를 살려 렌탈 체험을 하는 것도 좋다. 여성 가방 브랜드 파인드 카푸어는 팝업스토어에서 자사의 가방을 빌려 주는 서비스를 마련했다. 기존 매장에서 매어 보기만 하는 것을 넘어 일상에서 사용해 보게 하여 소비자들의 관심을 받았다. 갤럭시 S23 팝업스토어에서는 핵심 기능인 2억 화소 이미지 센서를 강조하기 위해 영화 캐릭터 '앤트맨'을 주제로 크기가 아주 작은 앤트맨 캐릭터를 찾게 하고, 전부 찾은 고객에게는 영화표를 증정하였다.

　예술품 역시 팝업스토어에서 많이 활용하는 긍정적 아이템이다. 예술을 감상하게 하면 팝업스토어의 전체적인 수준을 높인다. 예술 작품을 공간에 비치된 상품이나 서비스와 결을 같이 하도록 잘 활용한다면 경험의 감각을 더 살려 주는 역할을 한다. 팝업스토어 내의 미션을 통해 직접 기부하도록 하거나, 팝업스토어에서 판매되는 아이템을 구매하면 일정 금액이 적절한 기부처에 기부되는 아이템도 좋다. 이를 통해 소비자는 공간이 주는 즐거움을 누릴 뿐만 아니라 자신의 즐거움을 타인, 혹은 사회와 같이 나누는 마음으로 귀결되어 브랜드의 이미지도 자연스레 긍정적으로 기억된다. 카페나 시식 존이 있는 곳이 있다면 더욱 긍정적 효과를 줄 수 있다. 소비자도 팝업스토어에 실제 매장처럼 카페나 시식 존 등을 준비하는 게 어렵다는 사실을 은연 중에 알고 있다. 그러므로 서비스 전달만 잘 된다면 긍정적 아이템으로 충분히 작용한다.

## 8

## 여덟 번째,
## 소비자가 즐길 수 있는
## 체험용 콘텐츠

팝업스토어의 기간은 길지 않다. 게다가 팝업스토어에 들어와서 나가는 시간도 길지 않다. 제아무리 길어도 1시간 내외이다. 그 과정에 체험을 너무 많이 구성해서 소비자의 마음을 분산시켜도 문제이고, 즐길 거리가 없어서 아쉬운 마음으로 돌아서는 것도 안 될 일이다.

팝업스토어 기획자는 고객이 들어서면서부터 나가기까지의 과정을 한눈에 파악해야 한다. 그리고 고객이 움직이는 과정에서 분기점의 앞뒤에 어떤 연계점을 가지고 이동시킬지, 앞 체험의 재미를 뒤 체험 과정에서 어떻게 배가시킬 것인지 등을 고려해야 한다. 예능 프로그램에서 파생된 브랜드가 이런 일을 잘한다.

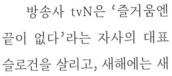

방송국 tvN은 '즐건제일'이라는 콘셉트로 '안전제일'을 연상시키는 내부 인테리어로 방문객들에게 유쾌함과 즐거움을 제공했다.

방송사 tvN은 '즐거움엔 끝이 없다'라는 자사의 대표 슬로건을 살리고, 새해에는 새롭게 몸과 마음을 재건하자는 콘셉트로 2022년 연말, '즐건제일'이라는 주제의 프로젝트를 진행했다. 이 팝업스토어는 '안전제일'이라는 콘셉트로 내외부를 공사장 모습으로 꾸미고, 크리스마스 분위기를 통해 한 해를 마감하고 다음해를 준비할 수 있는 동선을 마련하였다. 그리고 이마트의 협찬을 바탕으로 팝업스토어에서만 만날 수 있는 tvN 시그니처 쿠키와 음료를 준비하고, 공사장 콘셉트에 맞게 tvN 콘텐츠를 즐길 수 있는 공간을 마련하여 시작부터 끝까지 놀이동산에 들렀다 나가는 것 같은 기분을 만들어 주었다.

물론 이런 일은 예능 브랜드만 특별히 더 잘하는 건 아니다. 위스키 브랜드 윈저는 '하우스 오브 윈저'라는 콘셉트로 팝업스토어를 운영했다. 입구를 고급스럽게 만들고 저택의 거

실과 같은 메인 공간엔 중세
시대 느낌을 연출하면서도 중
후한 멋이 나는 아이템과 게임
등을 준비했다. 그리고 바버숍
과 시음 서비스를 통해 공간에
서 브랜드의 가치를 충분히 즐
길 수 있게 하면서도 고급 브
랜드라는 이미지를 만들어 주

었다. 결국 누가 하느냐보다는
어떻게 하느냐가 중요한 것이
팝업스토어이다.

위스키 브랜드 윈저는 팝업스토어를 열면서 윈
저의 역사와 프리미엄 위스키의 위상을 표출하
고자 했다. 전문 믹솔로지스트의 시음 서비스와
더불어 위스키향의 향수를 굿즈로 제공하였다.

소비자는 자신의 에너지에 상응하는 가치를 얻길 기대하
며 공간을 방문한다. 특히 오프라인에서 애써 시간을 내고, 직
접 가는 수고를 아끼지 않았는데 볼거리나 즐길 거리가 성에
차지 않으면 팝업스토어 전반적인 구성과 완성도와 별개로 만
족스럽지 않다고 기억한다. 잔망루피 팝업스토어는 잔망루피
관련 굿즈를 판매할 뿐만 아니라 곳곳에 위치한 잔망루피와
사진을 찍을 수 있는 입간판을 만들어 팬들의 니즈를 확실히
충족시켜 그들을 열광시켰다.

즐길 거리가 다양하지 않은 팝업스토어는 소비자의 방문
이 소소할 뿐이다. 라인프렌즈 월드는 평소에 좋아하는 캐릭

터를 실물 크기나 실물 이상의 크기로 준비하고 대형 인형들을 준비해서 팬들이 충분히 즐길 수 있도록 준비했다. 물론 유료 굿즈 숍도 큰 역할을 했지만 출구에서 나눠 주는 레너드 캐릭터 풍선은 움직이는 광고판이 되어서 소비자들을 더 몰리게 했다.

소비자들이 팝업스토어에서 재밌게 놀고 즐기기 위해서는 소비자의 오감을 충분히 자극하는 것이 좋다. 오감 중 가장 반응이 빠른 것은 시각이다. 시각적 특이성이나 차별화된 외관으로 시선을 사로잡고 내부 인테리어에서 탄성을 자아내도록 구성한다면 이미 소비자는 즐길 준비를 마친다. 브랜드를 연상시키는 전용 향을 만들거나 시음·시식용 음식 냄새로 사람들의 후각을 자극하는 것도 좋다. 그러면 방문객의 기억을 강화하고 미처 예약하지 못해 방문하지 못한 이들에게서 아쉬움을 자아낼 수 있을 것이다.

손으로 만질 수 있도록 해주면 더 좋다. 물론 팬데믹 이후에 가능해진 일이지만 온몸의 촉각을 활용할 수 있다면 훨씬 풍부한 감각을 채우게 된다. 소리도 매우 중요하다. 미디어 아트로 눈과 귀를 동시에 호강시켜도 좋고 자연의 소리나 테마에 어울리는 음악을 들려준다면 경험의 기억을 촘촘히 만들어 준다.

동시에 직원들이 적극적으로 소비자들과 소통하고 즐겨야

한다. 오프라인에서 만나는 직원들의 솔직함과 친절함, 그리고 소비자가 궁금했던 것을 현장에서 맞춤형으로 알려 주는 정보는 제품의 물성으로 채우지 못하는 색다른 만족감을 준다. 단순한 아르바이트가 아니라 그 시간만큼은 팝업스토어의 주인이 된 듯한 마음을 가진 스태프들이 함께한다면 인건비 이상의 성과를 거둘 수 있다.

즐길 거리를 최신식으로 완비하더라도 사소한 디테일도 잘 챙겨야 한다. 소비자의 눈높이는 이제 공급자, 혹은 그 이상의 위치에 있다. 큰 그림을 잘 그리는 것도 중요하지만 사소한 접점에서의 디테일한 연출이나 스태프의 참여는 팝업스토어 전체를 매우 크게 느껴지게 한다. 많은 것을 경험하고 가는 것처럼 만들어 줄 수 있다. 작은 소품이나 위험 요소들을 어떻게 처리하는지, 굿즈의 전달 방법이나 포장 방식으로도 소비자를 우리 편으로 만들 수 있다. 디테일을 놓치지 않는 팝업스토어가 성공한다.

9

# 9

아홉 번째,
## 브랜드의 10년을 좌우하는 굿즈의 힘

가히 굿즈의 시대다. 세상의 모든 비즈니스에서 굿즈를 고민한다. 물론 굿즈는 팝업스토어만을 위한 상품이 아니다. 대(對) 고객 커뮤니케이션에선 항상 중요시되었던 소재다. 과거에는 그것의 성격이 사은품이나 증정품 정도여서 볼펜, 라이터, 수건, 수첩 등 아주 가볍고 흔한 제품을 가지고 특정 거래처에 배포하거나 필요한 곳에 사용하는 수준이었다. 지금은 수많은 굿즈가 나오고 있고, 그 종류도 다양하다. 이런 흐름이 생기는 데 큰 영향을 준 회사는 스타벅스다.

스타벅스가 처음 시작한 프리퀀시(Frequency) 이벤트는 시장에 엄청난 반향을 가지고 왔다. 스타벅스는 자사 음료를 구매하여 쿠폰의 개념인 '별'을 17개를 모으면 스타벅스 자체 제작 사은품을 받을 수 있는 프리퀀시 이벤트를 진행했다. 이 이벤트는 브랜드 충성 고객들이 가까운 매장에 줄을 서게 하고, 그 사은품이 고가에 중고로 거래될 정도로 인기를 끌었다. 연이은 프리퀀시 성공으로 고무된 스타벅스는 캠핑용품, 시계 등 다양한 굿즈를 선보이며 인기를 끌었다. 하지만 2022년, 여름 프리퀀시 증정품 '서머 캐리백'의 포름알데히드 검출 사건으로 영업 이익이 감소하기도 했다. 가방은 안전 검사 기준이 없는 상품이라 초기 대응이 부실했다가 여론이 나빠지자 상품을 수거하고 포인트나 대체품을 증정하며 사건은 일단락되었다.

이처럼 굿즈는 기업이 잘 사용하면 효자 상품이 될 수 있지만, 제품 유통이나 검수를 잘 못하면 독이 될 수도 있다. 팝업스토어에서 준비하는 굿즈는 단기간 사용하고 대부분 무료로 증정되기 때문에 기준이 덜 까다로울 수 있으나 유료로 판매하는 굿즈는 정말 신경을 많이 써야 한다. 이런 팝업스토어 굿즈나 브랜드 굿즈만을 가지고 2022년에는 'Object by Project'라는 굿즈 팝업 전시회가 열리고, 2023년에는 브랜드 비즈 컨퍼런스에서 그 해 가장 눈에 띄었던 굿즈와 팝업

2022년 비즈한국은 기업이나 브랜드의 굿즈들을 한데 모아 굿즈의 경향도 보여 주고 놓쳤던 굿즈들을 다시 구매할 수 있도록 전시를 열었다.

스토어, 캠페인 등을 선정하는 굿즈 어워드를 개최하기도 했다. 가히 굿즈의 시대라 할 만하다.

　기업과 브랜드가 굿즈를 제공하는 이유는 자사에 대한 긍정적 기억을 굿즈라는 형태로 일상 속에 남겨 잊혀지지 않길 바라는 소원 인형 같은 것이다. 예산이 별로 없어 스티커를 준비할 수밖에 없다 하더라도 그 스티커의 완성도가 높고, 브랜드의 스토리가 담겨 있다면 그것만으로도 충분히 좋은 역할을 할 수 있다. 스티커를 만드는 이유는 다꾸(다이어리 꾸미기) 열풍에 힘입어 다이어리뿐만 아니라 휴대폰, 태블릿 PC와 같은 개인 기기에 붙여 기록을 남길 수 있기 때문이다. 그 많은 스티커 중에 쓰레기통에 버려지지 않고 생존하려면 필살기가 필요하다. 스티커 한 개를 만들더라도 한 번 붙으면 손가락으로 떼기 어려운 스티커를 만들지, 떼고 붙이기 쉬운 띠부띠부실로 만들지에 따라 만족도가 다르다. 스티커뿐만 아니라 일반적으로 많이 제작하는 펜이나 연필 같은 아이템도 어떻게 포장하고 의미를 부여하느냐에 따라 받는 사람의 경험이 달라진다.
　스티커는 너무 흔해지다 보니 굿즈도 발전을 거듭하고 있다. 고급 호텔 브랜드 르메르디앙 호텔은 클래식한 호텔 키링을 준비했고 Z세대를 겨냥한 호텔 브랜드인 목시 호텔은 이탈리아의 가스파레 캄파리가 만든 위스키를 증정하는 파격 이벤트를 선보이기도 했다. '두껍상회'로 소주의 이미지를 젊게 만든 진로는 팝업스토어에 브랜드 이미지가 돋보이는 소주 디스펜서나 소주 냉장고, 저금통, 병따개 등 많은 종류의 굿즈를 만들어서 방문객이 줄을 이었다. 고급 비즈니스 라이프 스타일 브랜드 몽블랑과 의류 브랜드 메종키츠네는 한남동에 팝업스토어 '몽블랑 크리에이티브 스튜디오'를 열었다.

목시 호텔은 클럽에 온 듯한 분위기를 연출하고 바에서 직접 술을 마실 수 있는 콘셉트를 구현했다. 성인 인증을 마친 방문자들에게 캄파리 한 병을 선착순으로 주었다.

이곳에서 방문자들이 선택한 게임 등을 통해 굿즈를 증정하고 대부분 방문자에게 머리끈이나 팔찌로 사용 가능한 여우 캐릭터 모양을 담은 굿즈를 제공하기도 했다.

이처럼 기업의 특성을 잘 드러내는 아이템을 고르고, 목적과 제작 여건에 맞게 잘 만들어 이를 적절한 여정 동선에 삽입시켜 보자. 굿즈 하나로 팝업스토어의 여운을 만들거나 브랜드 전체 이미지를 긍정적으로 바꿀 수 있을 것이다.

브랜드와 팝업스토어를 빛낼 굿즈는 어떻게 선정해야 할까? 평소에 많은 브랜드의 행사를 여럿 다니다 보면 수많은 굿즈를 경험하게 된다. 이를 모아 두기만 해도 우리 기업이나 브랜드의 팝업스토어를 진행하기 위한 아이디어를 얻을 수 있다. 브랜드나 기업이 가진 여러 상품이나 서비스를 굿즈화하는 것도 좋다. 코카콜라는 '코카콜라 제로 마시멜로우×피치스' 협업 팝업스토어에서 제로 캔에 각인을 남긴 굿즈를 증정했고 콜라콜라 크리에이션×아르떼 뮤지엄 '드림월드' 팝업스토어에서는 미디어 아트 작품을 캔에 인쇄해 제공하기도 했다. 나오는 사람들의 표정이 모두 매우 만족스러워 보였던 역대급 굿즈였다.

스티커는 제대로 만들지 않을 것이라면 아예 제작하지 않는 게 낫다. 팝업스토어를 통해 알리고자 하는 이미지나 브랜드 철학에 관하여 재밌는 캐릭터나 문구 등을 재치있게 만들어 소비자의 노트북이나 핸드폰에 붙여질 만큼 경쟁력이 있어야 한다.

팝업스토어에서 판매할 굿즈는 예산에 따라 판매용 상품과 선물용 상품의 단가나 디테일이 달라야 한다. 이때 선물용 상품은 판매용 상품보다 아이디어가 더 먹힐 수 있다. 비용에 여유가 있다면 한정판 굿즈를 제대로 만들어 보는 것도 좋다. 유료로 판매하지 않더라도 팝업 기간 동안 방문한 사람들에게 매일 선착순으로 증정하거나 이벤트 참여를 유도한 후, 그중에서 추첨 증정을 해도 좋다. 다만 사은품을 즉시 제공한다면 고가의 굿즈는 가급적 배제하고 한정판이라는 이미지로 어필하는 것이 좋다. 고가의 굿즈를 제작했다면 전체 방문자나 SNS 인증 고객을 대상으로 행사를 진행한 후에 상품 수령을 위한 현장 방문을 유도하여 소비자들과 만날 수 있는 기회를 한 번 더 만드는 것도 좋다.

굿즈를 전문으로 하는 제작 업체들이 많지만 천편일률적일 수도 있다. 팝업스토어와, 혹은 브랜드와 어울리는 업체의 제품을 콜라보 제품으로 만들면 훨씬 굿즈의 완성도가 높아 보이며 경쟁력도 갖추어진다. 갤럭시 S23 팝업스토어에서는 갤럭시 S23의 원형 카메라 모양을 닮은 프리미엄 굿즈 쿤달의 바쓰밤을 준비했다. 그뿐만 아니라 푸드 브랜드 마이노멀과 협업해 초콜릿을 제공했는데 포장을 갤럭시 S23 모양으로 하여 '알룰로스 스위트폰'이라는 이름을 붙여 주었다.

굿즈에 대한 고민은 팝업스토어 전체에 대한 고민만큼 중요하다. 무료이건 유료이건 그 행사 전체의 이미지를 대신 채워서 갈 소품이기 때문이다. 남들이 하는 일반적인 것을 선택하더라도 거기에 우리 브랜드만의 성격을 채울 수 있는 아이디어가 필요하다.

# 4장

# 팝업스토어 현장의 법칙

## 10

열 번째,
# 첫날의 모객이
# 중요하다

팝업스토어의 일정을 짜는 것도 매우 신중해야 한다. 방문객 모집을 위한 사전 커뮤니케이션이 충분히 되어야 첫날 방문자 수를 늘릴 수 있다. 첫날부터 사람들이 많이 모여야 기사도 올라가고, 아직 방문하지 않은 사람들도 인스타나 커뮤니티 글들을 보고 방문 의사를 높이게 된다.

이는 일정 계획과 밀접한 관계를 가지고 있다. 짧은 시간 운영하는 팝업스토어는 너무 많은 방문자로 인해서 관람에 불편함을 가지는 경우도 있다. 3~4일 정도의 팝업스토어 기간이라면 쾌적한 방문 과정을 위해서라도 선착순 예약을 통해서 일정한 인원의 고객만 미리 선점하면 된다. 하지만 문제는 일주일 이상, 장기간 운영하는 팝업스토어다. 기간이 길어지다 보면 방문 의사가 있더라도 여유가 생긴다. 첫날 매력적인 이벤트가 있지 않으면 많은 소비자가 몰리기 쉽지 않다. 팝업스토어의 성패는 당연히 콘텐츠이지만 이 콘텐츠를 즐길 소비자에게 미리 즐길 계획을 세우도록 도와야 한다.

신라면×제페토 팝업스토어는 거의 한 달간 진행이 되었다. 그래서 초반 오픈런이 생기거나 하진 않았고 시식 예약도 포털 사이트에서 받다가 현장 예약으로 바뀌었다. 아마도 노쇼가 많아서 바꾼 것으로 생각된다. 이렇게 긴 기간 방문자를 꾸준히 유지하려면 일주일에 한 번씩은 새로운 콘텐츠나 이벤트를 구성하거나 인플루언서 방문 스케줄 등을 잡아서 분위기를 전환해야 한다.

팝업스토어 방문객은 업종에 따라서 예약으로만 받기도 하고 온라인 예약 접수와 현장 대기를 같이 병행하기도 한다. 어쨌든 입소문을 통해서 호기심이 발동할 수 있어야 첫날 많은 방문객을 유치할 수 있다. 금호에서 열린 탬버린즈 향수 신제품 출시 때는 선착순으로 향수 샘플 세 가지를 증정했다. 탬버린즈 팬이라면 당연히 갖고 싶을 아이템이었다. 탬버린즈는 예약자와 현장 대기자를 적절히 섞어서 방문객을 분산하고 지속적으로 방문할 수 있도록 준비했다.

팝업스토어가 방문자가 많은 복합 쇼핑몰이나 백화점 같은 곳에 있으면 방문자들을 스토어에 입장시키는 전략을 고민해야 한다. 전단 같이 쓰레기가 되는 아이템이 아닌, 스티커 등 작지만 방문 호기심을 불러 일으키는 아이템을 선정해서 호객용으로 사용하면 좋다.

브랜드와 콘텐츠의 팬덤이 있다면 이를 적극적으로 활용하는 것도 좋다. 아이돌의 팝업스토어는 자연스럽게 첫날부터 팬들의 줄이 이어진다. 과거 팬덤은 스타들만의 전유물이었다. 사진으로 책받침을 만들고 신문에 난 기사를 모으고 팬테러와 선물을 보내는 강력한 팬덤은 최고의 스타를 만들었다. 지금은 어떤가? 이제는 브랜드의 팬덤도 있고 캐릭터의 팬덤도 무시 못하는 수준으로 올라왔다.

최고심 캐릭터는 2023년 11월 현재 33만 명의 팔로워를 거느린 인플루언서로, 가장 인기 있는 콜라보레이션 캐릭터 중 하나다. 주방 용기 브랜드인 코렐에서 최고심 라인을 내놓자마자 바로 완판되었고, 신한 카드에서도 최고심 캐릭터 카드를 출시하기도 했다. 홍대에서 열린 최고심과 오브젝트의 콜라보레이션으로 열린 고심약국은 연일 대기줄로 북적였다.

오브젝트 생활연구소에서 운영하는 오브젝트 매장이 고심약국으로 변신했다. 이 기간 내내 긴 줄이 끊이지 않을 만큼 팬들이 찾아들었다.

가수 임영웅은 50~60대 팬덤의 상징으로, 여느 스타들보다 지갑이 두꺼운 팬들이 많다. 임영웅이 방송가를 주름잡을 수 있는 영향력을 가지게 된 이유가 여기에 있다. 팬은 고객이기도 하지만 그 기업의 브랜드의 변호사이자 군대이자 병원이자 영업 사원이다. 팬덤은 무너져 가던 브랜드의 생명도 연장시킨다. 할리 데이비슨의 팬덤 HOG(Harley Owners Group)가 대표적인 사례이며, 테슬라 오너 클럽 TOC(Tesla Owners Club)은 테슬라 혁신의 추진력이기도 하다. 상품, 서비스뿐만 아니라 브랜드도 팬덤을 찾고 있다. 그러나 팬덤을 만드는 일은 정말 어렵기 때문에 성공하기 쉽지 않다. 그 대신 팬덤이 한번 형성되면 시장에서 그 어느 지원군보다 든든한 보호자가 되어 준다. 이처럼 팬덤이 있는 브랜드나 서비스는 방문객 스트레스를 일정 부분 받지 않는다는 이점이 있다.

공간에도 팬덤이 있다. 성수라는 공간은 새로운 이벤트와 팝업스토어가 수시로 열려 젊은 사람들과 커플들이 가장 많이 찾는 공간이다. 성수라는 공간에 팬덤이 존재한다는 의미일 수 있다. 또 다른 사례로, 스타벅스 커피는 매우 대중적이지만 스타벅스는 커피만 파는 곳이 아니라 문화를 파는 곳이라 이야기되기도 한다. 커피와 음료뿐만 아니라 공간, 분위기 모두가 어우러져 독자적인 브랜드로 탄생했기 때문이다. 그 인기를 방증하듯 스타벅스 프리퀀시는 가히 상대가 없을 만큼 해마다 반향을 만들어 낸다.

최근에는 팬덤이 있더라도 단순 전시형 팝업스토어를 지양하고, 굿즈나 상품을 함께 판매하는 팝업스토어가 많아지고 있다. 이 경우, 팝업스토어 오픈에 따른 매출 목표가 발생할 수도 있다. 팝업스토어에서 판매하지 말라는 법은 없다. 그러나 일반 전시 관람객과 구매 고객에게 어떻게 차별화된 방문 요인을 제공할지 고민할 필요는 있다. 원소주와 리니지W가 콜라보레이션한 팝업스토어에서는 한정판 굿즈가 들어간 콜라보레이션 기념 원소주를 팔아서 초반부터 입장을 위한 고객들이 많았다.

모든 팝업스토어가 항상 사람이 붐벼야 한다는 건 아니다. 멤버십 회원만을 대상으로 하는 경우엔 일반 관람객 입장이 안 되기 때문에 모객 걱정은 덜 수 있다. 하지만 VIP들의 방문이기 때문에 더욱 신경 쓰고 노쇼나 방문 일정에 더욱 주의를 기울여야 한다. 이 때 기존 고객과 잠재 고객을 초대하여 진행하고자 한다면 첫날엔 중요 고객들을 중심으로 하고, 점점 잠재 고객 중심으로 방문 일정을 잡는다.

팝업스토어는 첫날이 전체 일정을 좌지우지하는 가늠자가 된다. 첫날 운영에서 미숙한 점이 생기지 않을지 사전 점검도 잘 되어야 한다. 한 팝업스토어는 이벤트를 진행하는 도중, 프로그램에 에러가 나서 이벤트를 일시 보류하는 경우도 있었다. 첫날은 모든 요소가 잘 돌아가 소비자의 호기심을 최대한 끌어올리며, 동선이 꼬이거나 실수하는 등의 작은 문제도 줄여야 하는 팝업스토어 진행의 결정체다.

첫날부터 팝업스토어에 사람들을 많이 모객하려면 오픈에 앞서 인플루언서나 연예인의 방문 소식을 알리고, 선착순 예매 등을 통해 이들과 같이 관람하는 기회를 주는 방법이 있다. 그러면 사전에 스케줄이 공유되면서 자연스럽게 첫날 방문자를 늘릴 수 있다. 선착순 관람은 매우 매혹적인 아이템이 아니라면 피하는 것이 좋다. 행사 당일 날씨에 따라 호불호가 갈릴 수 있기 때문이다. 차라리 사전 예약 시스템으로 온라인상에서 줄을 세우고 오프라인에서는 선착순으로 굿즈를 고르거나 구매할 수 있는 선택지를 주는 방법도 좋다.

내용물도 중요하지만 인스타그래머블한 스팟을 외부에 두는 것도 사람이 많이 모이는 팝업스토어로 보이기 좋은 방법이다. 지나가는 사람이라도 사진을 찍을 수 있도록 이슈가 될 만한 아이템을 전시한다. 어떤 팝업스토어에서는 역 근처에 인기 있는 캐릭터들을 보내서 사람들에게 굿즈를 나눠 주며 방문을 유도했다.

희소성이 높을수록 많은 관심과 방문객을 부른다. 아주 짧은 시간 운영하거나 매우 가 보기 힘든 장소를 고르는 것도 팝업스토어 자체의 희소성을 부각시킨다. 오프라인에 들인 비용이 아쉬울 수도 있으나 팝업스토어의 부대 효과나 후반 바이럴 등을 기대한다면 이를 적극 이용해 보자.

## 11

# 열한 번째,
# 명확한
# 방문 이유

팝업스토어가 존재하는 이유는 소비자 방문 유도다. 그런데 방문할 이유가 정확하게 존재하지 않는 팝업스토어는 비용만 소비하고 큰 임팩트를 주지 못한다. 팝업스토어는 말 그대로 팝업이다. 갑자기 나타나서 소비자에게 신선하고 새로운 모습을 보여 줘야 한다.

이는 기존 오프라인 스토어라고 해서 다를 게 없다. 상품과 서비스의 상향 평준화로 소비자의 눈높이는 높아졌고 가성비와 취향 또는 럭셔리 수준으로 세분화되었다. 거기다 온라인 소비가 50%를 넘어서는 시점인지라 아마존드 현상을 겪는 오프라인 매장이 넘쳐난다. 결국 기존 오프라인 매장들이 살아남으려면 온라인 서비스와는 다른 오프라인만의 차별화된 상품이나 서비스가 존재해야 한다. 오프라인 스토어도 이제는 팝업스토어처럼 테마가 바뀌는 동시에, 차별화되고 새로운 아이템으로 소비자가 방문할 때마다 놀라게 해야 한다.

팝업스토어로서 방문해야 할 이유가 있다면 준비하기가 수월하다. 하지만 새로운 이미지 변신이나 신상품 출시에 대해서 크게 방문의 이유를 느끼지 못하거나 새롭고 다채로운 경험이 담보되지 않으면 소비자의 발길은 줄어들기 마련이다.

삼성전자는 '힙플'이라고 불리는 성수에 팝업스토어를 거의 열지 않았다. QLED 제품을 아티스트와 협업하여 카페에 입점시켜 선보이기는 했지만 단독 운영을 하지 않았다. LG전자나 현대자동차, 아모레, 농심, 롤스로이스, 구찌 등 다양한 기업들이 운영을 하고 있었지만 기존 삼성플라자와 쇼핑몰 위주의 신상품 출시 행사나 이벤트를 진행했다. 그러던

삼성전자는 갤럭시 S23 출시에 맞춰 성수에 팝업스토어 세 곳과 카페 두 곳과 협업 스토어를 열었다. 신제품을 보여 줌과 더불어 즐길 거리를 다양하게 준비해서 '성수 시대'에 동참했다.

삼성전자의 첫 팝업스토어가 갤럭시 S23 출시와 함께 성수 골목에 나타났다. 무려 다섯 곳의 장소에 각기 다른 테마와 이벤트를 가지고 말이다. 당시는 갤럭시 S22가 기대보다 덜 팔렸

고, 경기 둔화로 인해 마케팅비를 많이 줄이고 있는 상태였다. 하지만 아이폰과 싸워야 하는 삼성으로서는 MZ세대에 집중해야 할 시점이었다.

삼성은 때마침 개봉할 예정이었던 〈앤트맨과 와스프: 퀀텀매니아〉라는 영화와의 콜라보레이션을 진행했다. 영화의 내용처럼 매우 작은 캐릭터들을 스토어 곳곳에 숨기고 2억 화소·100배 줌 카메라 성능을 선보였다. 게임 실행 시 성능 저하에 따른 우려에 대응하기 위해 삼성전자는 카트라이더 등 최신 게임들을 체험할 수 있는 공간에도 힘을 썼다.

가장 좋은 경험은 180만 원짜리 핸드폰을 하루 대여해서 마음껏 사용할 수 있었던 것이다. 이를 통해 새로운 상품에 관심을 갖고 방문하는 모든 소비자들은 힙플 성수의 여러 공간을 카메라에 담아 보는 경험을 할 수 있었다. 이렇게 팝업스토어는 존재 이유가 명확해야 한다. '남들도 하는 팝업스토어니까 우리도 해야 조금은 힙한 회사로 보이지 않을까'라고 생각하고 진행하려면 아예 하지 않는 것이 좋다.

팝업스토어를 진행할 때 전체 연간 마케팅 플랜을 수립하여 시기나 이유를 명확히 해서 제대로 준비하고 실행해야 팝업스토어가 제 역할을 할 수 있다. 인하우스는 방문 이유를 명확하게 해 주고, 에이전시는 방문한 고객들에게 좋은 여정이 될 수 있도록 방문 이유와 연결되는 다양한 장치를 세심하게 준비해야 한다.

온라인 회사들의 팝업스토어에도 꽤 재미있는 요소들이 있다. 온라인 회사이기 때문에 팝업스토어라는 존재 자체로 꼭 가 봐야 할 이유가 된다. 온라인 회사들은 다양한 서비스를 제공하고 있지만 온라인이란 틀을 깨 나가기가 쉽지 않다. 그러나 새로운 도전이 필요한 순간도 있다. 아마존도 온라인 서점으로 시작했지만 온라인을 평정하고 오프라인 서점들을 문닫게 한 뒤, 자신들의 오프라인 서점을 열었다. 사람들은 아직까지 아날로그적이라서 물리적 공간에서 살아가며 만지고, 감각을 느낀다. 여전히 현실 공간이 익숙하고 다양한 경험을 제공하기 때문에, 오감이 주는 또 다른 감각적 경험을 위해 오프라인 팝업스토어를 준비한다. 온라인에서 보여 주지 못한 색깔과 철학, 서비스 등을 오프라인에서 차별화하면 온라인 충성도를 높이는 데 일조하기 마련이다.

현대자동차의 캐스퍼는 오프라인 매장에서 팔지 않았다. 그러다 보니 다른 사람이 직접 구매한 차를 보지 않고서는 시승하거나 눈으로 직접 볼 수 없었다. 그래서 현대자동차는 캐스퍼 스튜디오 성수를 열고 경차의 발랄한 이미지를 눈, 귀, 향과 손으로 전달하였다. JTBC같은 콘텐츠 회사도 미디어라는 틀을 깨고 카페 봇봇봇에 '리프레시 주스 바'라는 팝업스토어를 열어 드라마 홍보와 소비자 데이터를 모으기도 했다.

우리 회사나 브랜드, 상품이나 서비스에 문제가 있다고 생각한다면 문제의 원인과 본질을 찾아 보자. 이후 그 문제의 해

결책을 마련하다 보면 자연스럽게 그 안에 팝업스토어를 구성할 포인트 요소도 등장하기 마련이다. 그러면 문제의 해결 방안으로써 팝업스토어가 할 일을 정하면 된다. 올드한 이미지를 깨고 싶다거나 부정적 이미지를 세탁하고 싶을 때, 소비자의 실제 사용 데이터를 얻고 싶을 때, 신상품을 먼저 보여 주고 싶을 때 등 팝업스토어의 이유는 명확해야 그 존재 의미가 있다.

상품의 성격과 맞아 떨어지는 위치, 혹은 상품이 사용되거나 팔리는 곳, 서비스를 이용하는 곳에 이벤트 존을 구성한다면 소비자의 갈증을 해소할 수도 있다. 시음이나 시식이 중요한 아이템이라면 팝업스토어에 그 공간이 꼭 존재해야 한다. 내가 먹어 보고, 마셔 보는 것처럼 좋은 경험은 없다. 즐거운 체험은 좋은 경험이 된다.

브랜드에 큰 문제가 있지 않더라도 내년 연간 계획을 수립하고 전략을 발표할 때, 다음해에 있을 큰 이슈들을 정리하는 것도 좋은 방법이다. 신상 출시, 리뉴얼과 같이 마케팅적·브랜딩적으로 큰 이벤트의 내용과 시기를 고려하여 어떤 방식으로 소비자를 만날지 고민하는 것이다. 이렇게 큰 그림을 그리고 진행한다면 대외적인 이슈가 있을 때 적절한 아이템을 활용하거나 이미지가 잘 어울리는 브랜드와 콜라보레이션을 진행해 좋은 팝업스토어를 만들 수 있다. 카타르 월드컵 공식 스폰서 버드와이저는 성수 에스팩토리에 응원장을 마련하고 새벽 응원을 할 수 있도록 팝업스토어를 만들었다.

버드와이저 사례처럼 우리 회사나 브랜드의 색깔을 명확하게 하는 과정을 사전에 준비해야 한다. 온라인 이벤트나 오프라인 스토어가 있다면 브랜드 아이덴티티를 명확하게 할수록 타깃이 선명해지고, 그들이 좋아할 만한 성격의 아이템들이 자연스럽게 보인다. 거기에 참신함 한 스푼만 더하면 더할 나위 없는 팝업스토어를 만들 수 있다.

상시 팝업스토어도 좋은 방법이다. LG U+는 강남역에 '일상비일상의틈 by U+'라는 상시 팝업스토어를 열고 다양한 브랜드와 콜라보레이션을 하면서 콘텐츠 멜팅 팟(Melting Pot)을 만들었다. 다양한 제휴사들과 즐길 거리나 먹거리를 마련해 시시각각 새로움을 제공하고 있다.

# 12

열두 번째,
## 독자적인 ONE ITEM으로
## 차별화하라

넓은 장소에 멋진 외관과 인테리어 그리고 다양한 체험까지 구성할 수 있는 풍부한 비용이 담보된다면 정한 대로 진행하면 된다. 하지만 모든 기업과 브랜드가 그렇게 할 수는 없다. 삼성전자나 엘지전자는 자신들의 예산을 적극 활용하여 비교적 쉽게 인기 있는 브랜드들과 콜라보레이션을 할 수 있다. 하지만 규모가 작은 기업이나 신생 브랜드들은 꿈도 꾸지 못할 일이다. 이런 상황이라면 차라리 재밌는 콘셉트 하나 혹은 아이템을 하나 골라서 승부하는 것도 좋다.

팝업스토어는 아니지만 제주시 탑동에 가면 코오롱 스포츠가 운영하는 '솟솟리버스' 매장이 있다. 리폼된 상품도 팔고 제주로 캠핑을 오는 사람들에게 저렴하게 캠핑 장비를 대여해 준다. 거기다 제주와 관련된 작품을 전시하면서 지구 환경 보호에 대한 경각심을 주기도 한다. 이곳은 '리폼'이라는 주제를 통해 코오롱 스포츠가 전하고자 하는 이미지를 발산한다. 파타코니아와 같이 기업 전체적으로 환경 경영 정책을 시행하진 못 하더라도 그 방향의 행보를 하나씩 만들어 가는

코오롱 스포츠는 제주시 탑동에 솟솟리버스를 열고 리폼 상품들을 판매하거나 수선 서비스를 제공한다. 장비 렌탈도 하고 재생을 주제로 전시장도 한켠에 마련해 두었다.

모습을 보여 주고 있다. 사실 코오롱의 래코드 같은 리폼 브랜드가 이익을 내지는 않는다. 하지만 그런 브랜드 하나가 주는 이미지 효과는 생각보다 크다.

우리의 상품이 너무나 유명한데 그에 비해 브랜드에 대한 이미지가 없을 수도 있다. 이런 경우에는 우리 상품을 매우 힙한 곳에서, 힙하게 소개하는 것만으로도 좋은 결과를 낼 수 있다.

타바스코 소스는 제품이 매우 유명한 브랜드이지만 먹을 때 스쳐 지나가는 브랜드로 남을 수도 있었다. 그래서 이들은 성수 LCDC의 팝업스토어 전용 공간을 빌려서 타바스코만의 이미지를 강조하고, 타바스코 소스 굿즈를 만들어 제공했다. 자신의 브랜드를 소비자의 눈앞에 세련되게 내 놓는 방법

은 예산으로만 가능한 것이 아니다. 가장 중요한 시작 지점을 어떻게 열지 설계해 다음 코스로 소비자의 발길을 이끌 것인가를 고민해야 한다. 타바스코는 성수 주변의 맛집들과 협업을 통해 매장 앞에 입간판과 현수막 등을 준비해서 제품의 장점을 극대화하는 방법을 사용하였다.

하나의 아이템만으로도 충분히 팝업스토어로서의 역할을 가능하게 하는 것이 팝업스토어다. 삼다수를 유통하는 광동제약은 홍대 앞에 삼다코지라는 카페를 열고 제주의 분위기를 실어 왔다. 삼다수만을 활용해 음식과 음료를 만들고 제주다운 인테리어로 제주에 온 것 같은 분위기를 주었다. 물이라는 아이템만으로도 인스

카페 삼다코지는 '물'이라는 주제로 제주도의 자연 친화적인 이미지를 아름답게 살렸다.

타그래머블한 팝업스토어를 만들었다. 하나의 아이템을 주제로 한다는 것은 심심할 우려가 있지만 하나에 집중하게 하는 장점도 있다.

브랜드가 이미 독특하고 차별화된다면 굳이 다양한 체험을 하게 할 필요가 없다. 다만 매니아 성격의 브랜드나 신생브랜드는 우리의 정체성을 정확하게 알리고 인지도를 높일 필요

가 있다. 우리 상품의 장점만으로도 소비자에게 어필할 수 있다. 그리고 하나의 아이템으로 승부를 본다고 해서 꼭 비용이 적게 드는 것도 아니다. 적게 써서 소비자를 유혹하는 것도 가능하지만, 자원을 퍼부을 수도 있다. 비용이 문제가 아니라 무엇을 위해 팝업스토어를 기획했느냐가 중요하다.

너무 다양한 상품보다는 꼭 알리고 싶은 상품을 준비하거나 아예 제일 잘 나가는 상품으로 소비자에게 다가가는 것도 방법이다. 잘 안 보이는 상품은 기업 브랜드의 힘을 빌리고, 잘 나가는 상품일 때는 잘 나가는 브랜드로 커뮤니케이션하는 것이 좋다. 누군가는 찾아가야 존재감이 드러난다. 소비자의 발길을 모으는 커뮤니케이션 전략은 매우 중요하다.

# 13

## 열세 번째,
## 어디서도 볼 수 없는
## 사진 부스는 필수

포토매틱은 2018년 가로수길에 론칭한 셀프 포토전문 스튜디오 브랜드 중 하나로, 우리나라에 '네컷 사진' 열풍을 시작한 곳이다. 팝업스토어에서 '포토매틱함'을 기대하는 게 이제는 당연한 것처럼 보인다. 그러다 보니 이제는 좀 더 다양한 기술이 들어간 사진 부스들도 등장했다. 부스를 꾸미고, 색깔을 바꾸고, QR코드를 활용해 사진 다운로드가 가능하다. 사진 프레임에 브랜드명이 들어가게 하는 것은 당연한 일이고 고객이 손으로도 꾸밀 수 있도록 공간을 마련하기도 한다.

이러한 사진 부스는 진화를 계속하는 중이다. 이제 그저 그런 사진 부스로는 주목을 끌지 못한다. 어떤 사진 부스는 사진을 매거진 표지처럼 만들기도 하고 콜라주처럼 나오게 하기도 한다. 어떤 팝업스토어에서는 영수증 형태의 종이에 인화를 해주기도 하고 스티커 형태로 만들어 주기도 한다. 브랜드가 말하고자 하는 콘셉트를 잘 보여 주는 사진이 나오게 하거나 배경을 만들기도 한다. 사용하는 모습이나 인스타에 올린 사진을 골라서 인화 해

라인프렌즈 팝업스토어는 브랜드 캐릭터들과 함께 사진을 찍을 수 있는 부스를 마련하여 고객들에게 새로운 경험을 제공한다.

주기도 한다. 하나 둘씩 진화해 가다 보니 앞으로 어떤 스타일로 나올까 기대된다.

사진 부스를 설치할 때 너무 줄이 길어지는 문제와 소품들이 관리가 되지 않는 상황을 조심해야 한다. 사진은 일회성으로 소비되는 아이템이기도 하지만, 사람들은 이곳에서 찍은 사진들을 인테리어 장식으로 활용하기도 한다. 그 안에서 우리 브랜드는 어떻게 자리매김하고 싶은지 고려해 보는 것도 중요한 포인트의 하나이다. 이런 사진들은 브랜드 광고판 역할을 한다는 점을 명심해야 한다.

사진을 통해 자신을 표현하는 세대를 포토프레스(Photo-Express) 세대라 하는데 영상과 이미지가 성장 과정에 많은 영향을 끼쳐, 미디어를 통해서 자신을 표현하는 Z세대를 말한

다. 취업을 준비할 때 증명사진을 찍던 이전 세대들과 다르게 이들은 전문 스튜디오를 찾아 개인 프로필을 촬영하고, 바디 프로필을 찍기 위해 열심히 운동하는 세대다. 일기를 사진으로 기록하기도 하며 사진을 찍는 과정 자체를 즐기는 세대이니 팝업스토어를 기획하기 위해선 사진을 어떻게 활용할지 고민해야 하는 것이다. 공간 기획자의 입장에서 사진 부스를 어떻게 구성해야 할지 고민된다면 전문 업체들의 노하우를 활용해 전체 공간 설계에 도움을 받아 보는 것도 좋다.

기본 프레임을 활용하기보다는 팝업스토어의 색깔이나 콘셉트가 드러날 수 있는 프레임을 디자인하면 오랫동안 소비자의 기억에 남을 수 있다. 29CM는 '당신2 9하던 삶'이라는 타이틀을 두고 개인의 삶의 지향점을 생각해 보게 했다. 무신사 테라스는 사각형의 일률적인 프레임을 바꿔서 예술적 형태로 꾸며서 장식의 효과를 가능케 했다.

사진 부스 자체를 색다르게 꾸미는 것도 방법이다. 사진 부스를 화려하게 꾸미거나 조명을 통해서 셀카나 사진이 화려하게 나오는 기법을 활용하기도 한다. 홍대 나이키 스니커즈 라운지에 있는 포토매틱 부스는 스튜디오에 스니커즈 전용 사진 부스의 느낌으로 꾸며 두었고 유선 리모컨을 통해 자신의 사진을 더 잘 컨트롤 하도록 했다.

소품을 제대로 활용하지 못할 것 같으면 아예 두지 않는

게 낫다. 소품을 비치하고 싶다면 개인 사진보다는 그룹으로 온 손님들이 사진을 찍을 때 소품을 어떻게 활용할지 고려해 보자. 시중에 파는 일반적인 소품이 아닌 전체 팝업스토어의 콘셉트와 어울리고 기억에 남을 만한 소품을 자체 제작하는 것도 고려 요소다.

## 14

# 열네 번째,
# 온오프라인의 경계를 허물어라

 팝업스토어는 오프라인이니 오프라인에 집중하는 것은 맞다. 하지만 소비자들은 온오프라인 어디에든 있다. 그렇기 때문에 팝업스토어를 좀 더 세련되고 심리스(Seamless)한 여정으로 경험케 하려면 온라인과 오프라인의 전 과정을 잘 설계하는 것이 좋다.

 브랜드의 전 채널을 효율적으로 운영해야 온오프라인의 여정을 잘 만들어 낼 수 있다. 요새는 팝업스토어 안에서도 디지털 체험이 많이 이뤄지니 당연히 고려해야 한다. 삼성전자의 갤럭시 S23 팝업스토어는 NFC 띠를 나눠 주고, 체험 포인트를 적립해 주었다. 그리고 개인만의 서체를 만드는 존에서의 결과물을 이메일로 발송해서 자신의 컴퓨터나 핸드폰에 서체를 활용할 수 있도록 해 주었다. 이런 경험은 다른 기업이나 브랜드에서 쉽게 하지 못한다. 생각보다 동선이나 그 과정을 관리하기가 그리 쉽지 않기 때문이다.

물론 다른 브랜드들도 QR코드 등을 통해서 상세한 해설을 보여 주거나 게임에 참여하게 하고 VR 기술이나 AR 기술로 색다른 체험을 하게도 한다. 나이키 스타일 홍대에는 디지털 포토 스튜디오를 제공하고 매장에선 AR 기술로 나이키의 지향점을 보여 주기도 한다. 멤버십 소유자라면 라운지에서 커피를 마시며 포토매틱 사진도 찍고, 슈클린 서비스를 이용할 수 있었다. 당연히 이런 체험 과정은 돈이 많이 들어간다. 그럴 여력이 없다면 최소한 팝업스토어 홍보와 예약 과정은 온라인을 활용하고, 그리고 매장 내에서 자세한 설명을 모니터나 패드, QR 도슨트 등을 적용해 보자. 그러면 인력적인 면이나 운영적인 측면에서 훨씬 도움이 된다.

디지털 시대에는 오프라인 팝업스토어라고 해서 오프라인의 장점만을 보여 주어선 안 된다. 온라인 브랜드가 팝업스토어로 오프라인의 장점을 소화해 보여 준다면, 오프라인 브랜드는 온라인의 여정도 잘 녹여야 자연스러운 고객 경험 여정이 이어진다. 팝업스토어만을 위한 온라인 여정을 만드는 것은 비용이 많이 든다. 포털 사이트 등의 예약 프로세스로 접근성을 높여 기존에 준비해 둔 온라인 채널이나 자사몰 등에 랜딩할 수 있게 해 그 경험을 오프라인에 자연스럽게 연결시킨다.

크리스찬 디올 성수를 방문하려면 AR 기술을 통해 마법의 공간으로 들어가서 미션을 수행해야 한다. 그리고 예약이 가능한 프로세스를 만들었다. 이 모든 과정이 고급스럽고 재밌다.

크리스찬 디올 성수 팝업스토어는 예약을 하기 위해 지나가야 하는 관문으로 AR 기술을 도입했다. 브랜드의 정체성과 팝업스토어의 콘셉트 스타일을 미리 보여 주고 경험해 보게 하였다. 을지로 세운상가에 있는 수페르가 무인 매장은 카드를 인식시켜 입장할 수 있게 했고, 모니터와 POP 등으로 정보를 제공했다. 이와 더불어 디스플레이된 신발의 코드를 찍으면 무인 매장의 할인을 받고 집으로 상품을 배달받을 수 있도록 했다. 무인 매장이 늘어나는 시대에 팝업스토어도 무인으로 운영해 보는 것도 좋은 방법이다.

온오프라인을 심리스하게 연결한다는 것은 쉬운 일이 아

니다. 각각의 모든 과정을 하나씩 정의하고, 온라인 접점에서의 행위를 어떻게 오프라인에서 연결하여 동일한 경험으로 정리할 것인지가 중요하다. 신라면은 제페토에서 신라면 카페테리아를 만들었다. 카페테리아에서 라면을 직접 끓여 만드는 과정을 경험시켰는데 2만4천 명이 참여하였다. 그리고 나서 신라면×제페토 팝업스토어가 열리면서 가상의 공간에서 진행한 라면 끓이기를 그대로 다시 오프라인에서 재연하여 그 재미를 배가시켰다.

시몬스는 시몬스 테라스, 시몬스 하드웨어 스토어에 이어서 시몬스 그로서리 스토어를 청담에 열었는데 TV나 디지털 매체에서 보던 OSV(Oddly Satisfying Video) 광고를 오프라인에서 감상하게 했다. 자극적이지 않은 영상과 잔잔한 백색 소음으로 소비자에게 휴식을 주었다. 〈맛있는 녀석들〉이라는 케이블 프로그램이 시몬스 그로서리 스토어 청담 2층의 버거집을 방문하여 즐기고 가는 모습을 온라인으로 연결시켰다.

온오프라인은 이제 구분의 의미가 없다. 소비자는 온라인과 오프라인을 자연스럽게 오가며 하나의 여정으로 기억한다. 고객의 여정을 항상 그리는 브랜드가 팝업스토어도 잘 진행하는 것은 당연하다.

사전에 온라인 채널을 잘 관리하는 브랜드가 온오프라인 고객 여정을 잘 준비할 수 있다. 브랜드는 기본적으로 평소에

169

온드미디어(Owned Media, 자사 홈페이지와 공식 SNS 등, 조직이 자체적으로 보유한 채널)와 언드미디어(Earned Media, 언론보도·사용 후기 등 기업이 비용을 들이지 않는 제3자적 위치의 미디어)를 잘 관리하고 있어야 한다. 이와 동시에 페이드미디어(Paid Media, 네이티브 광고·키워드 검색 서비스 등 유료로 이용하는 미디어)로 팝업스토어 방문을 유도한다면 온라인과 오프라인을 연결할 수 있는 좋은 기회를 만들 수 있다.

온라인 내의 여정도 오프라인과 동일하게 만들어야 한다. 물론 PC, 모바일의 물리적 환경이 다른 것을 감안하더라도 UX(고객 경험, Customer Experience)는 사람의 마음에 따라 움직이는 것이다. 소비자 마음의 경로를 읽지 않으면 온라인 여정을 구성하기가 쉽지 않다. 소비자의 마음을 읽는 것은 항상 어렵지만, 잘해 두면 두고두고 이익이 된다.

15

# 15

## 열다섯 번째,
## 인스타그래머블한 풍경을
## 조성하라

팝업스토어를 방문하는 이유가 무엇일까? 온라인에서 느껴 보지 못 했던 다양한 물리적 체험이 가능하다는 점이 표면적인 이유로 보일 수 있지만 소비자 입장에서 팝업스토어는 일종의 놀이다. 주말 데이트 장소로서 팝업스토어만큼 좋은 장소가 있을까? 나들이로 왔다가 재밌는 팝업스토어를 만난다면 그보다 좋은 경험이 있을까? 이런 팝업스토어 트렌드의 가장 큰 수혜자는 인스타그램이다. 물론 반대로 인스티그램 덕분에 팝업스토어도 사람을 불러모으고 바이럴 효과를 얻어 가기도 한다. 이는 서로 상부상조하는 구조다.

팝업스토어는 그 자체가 인스타그래머블(Instagramable)해야 한다. 인스타그래머블이란 MZ세대의 대표적인 SNS 미디어 '인스타그램(Instagram)에 올릴 만한(-able)' 이라는 뜻의 신조어이다. 경험이 중요해진 시대가 되면서 소비자는 입고, 먹고, 마시는 일상을 공유하고 여행이나 취미 활동을 포스팅하며 자신의 정체성을 공유한다. 일종의 디지털 세계를 만들어 주는 것이다. 그래서 기업이나 브랜드들은 이제 상품이나 서비스가 인스타그래머블한지 체크해야 한다. 특히 팝업스토어는 단기간에 자신들의 상품, 서비스가 많은 사람들의 눈에 띄어 공유될 수 있도록 방문자들이 꼭 사진을 찍고 갈 만한 곳을 만들어야 한다.

사진이 발명된 이후, 사진은 인간에게 가장 간편한 추억 남기기 수단이 되었다. 촬영 기술이 개발되고 핸드폰에서 영상 촬영이 가능한 시대가 되었어도 사진은 대체 불가한 추억 여행의 주요 장치이다. 그러나 사진이 기억을 남기기만 하던 시대는 끝났다. 사람들은 사진으로 추억을 남기기도 하지만, 자신의 취향과 아이덴티티를 더해 인플루언서가 되거나 커머스를 진행하기도 한다. 이런 많은 기능이 있는 카메라를 그냥 시시하게 지나가는 것은 기획의 실수다. 사진에 진심인 소비자들의 카메라를 그냥 액세서리로 만들지 않아야 한다. 카메라로 연신 사진을 찍도록 카메라 워킹까지 고려하고, 사진 사이즈를 어떻게 구성할지, 어떤 오브제를 주제로 할 것인지, 소비자의 얼굴이나 전신이 소재가 되게 할 것인지까지 고려하면서 스팟을 구성하는 것이 좋다.

성수동에서 가장 많은 사진이 찍히는 곳 중에 하나가 크리스찬 디올 스토어 앞이다. 평일에도 많은 사람들이 사진을 찍기 위해 줄을 서곤 한다. 이는 팝업스토어를 만들 때부터 어떻게 하면 많은 사람들이 사진을 찍게 할지 고민 한 결과라고 볼 수 있다. 그 아이템은 파리 본사 건물의 오마주였다.

크리스찬 디올의 성수 팝업스토어는 파리 플래그쉽 스토어를 모티브로 삼은 외관으로 많은 소비자를 불러 모았다.

사람이 좀 몰린다는 거리에 가 보면 한 집 건너 네 컷의 사진을 찍어 주는 사진 가게들이 즐비하다. 과거, 스티커 사진을 찍던 때의 인화지나 해상도와는 차원이 다르다. 네 컷이건 여섯 컷이건 연인이나 친구들은 그날의 모임과 추억을 사진으로 나눈다. 이처럼 현 세대에게 사진은 하나의 놀이이자 문화가 되었다. 기획 단계에서 홍보와 모객 그리고 바이럴을 고려한다면 인스타그래머블한 곳들을 어떻게 배치하고 구성할 것인지에 대해 많은 고민이 필요하다.

# 5장

# 경영의 법칙

# 16

POPUP STORE!

# 16

열여섯 번째,
## 시간과 장소의 선택이
## 성공을 좌우한다

마케팅 커뮤니케이션이 성공하려면 'Right Person, Right Place, Right time, Right Message'가 필요하다는 말이 있다. 이 단어들은 성경에도 나오는 말로, 꼭 마케팅에 해당하는 문구는 아니지만 마케팅에 이렇게 찰떡 같은 문구도 없다. 마케팅적으로 해석해 보자면 우리 브랜드의 상품이나 서비스가 성공하려면 잘 선정된 타깃이 필요하고, 적절한 채널을 통해야 하고, 접근하기 좋은 타이밍을 골라서, 소비자의 신택을 이끌 적절한 메시지가 필요하다는 것이다.

팝업스토어도 이러한 공식에 알맞게 들어맞는다. 브랜드나 기업의 메인 고객층이 주로 어디를 돌아다니는지는 어렵지 않게 알 수 있다. 특히 20~30대가 타깃이라면 홍대, 이태

원, 성수, 연남동, 망원동, 합정, 도산, 강남, 성수 등의 장소를 찾아야 할 것이다. 하지만 적절한 팝업스토어 장소를 찾는 것은 쉬운 일이 아니다. 장소 선정은 비용과 시간이 세트처럼 움직이기 때문이다. 팝업스토어를 열 장소는 생각보다 많지가 않다. 콘셉트에 따라서 큰 공간이 필요할 수도 있고, 장치와 장식물이 많아지면 더 그러하다. 또한 행사 기간을 어떻게 잡느냐에 따라서 적절한 장소를 이용하지 못할 수도 있다.

제주맥주는 연남동 팝업스토어를 열면서 계기로 신생 브랜드였던 자신의 브랜드를 치열한 주류 시장에 안착하는 계기를 마련했다. 그들의 타깃은 대학생 등 20~30대 젊은 층이었다. 당시 연남동은 '연트럴파크'라는 별칭이 생기며 젊은 사람들이 휴식을 취하고 데이트를 즐기는 핫플로 자리 잡고 있었다. '서울시 제주도 연남동 프로젝트'로 불렸던 이 팝업스토어가 제주맥주의 역사를 바꿔 놓았다. 사람들은 맥주를 가지고 경의선 숲길에 나갔고 그 동네 전체가 팝업스토어가 된 듯한 효과를 이뤘다. 이런 신선한 발상의 팝업스토어는 제주맥주의 인지도를 단숨에 올렸고 식당과 술집 등에 자리 잡는 데 큰 기여를 했다. 이후에도 제주맥주는 다양한 팝업스토어와 협업을 통해서 주류 시장의 주류까지도 넘보고 있다.

매우 당연한 말처럼 들리지만 적절한 소비자를 선정하고 적절한 장소와 시간에 메시지를 더하기란 그리 쉽지가 않다. 그 난이도를 고려하면 삼대가 복을 받아야 팝업스토어가 성공

179

할 수 있지 않을까? 시간과 장소, 그리고 적절한 타깃을 선정하는 것이 마케터들의 본업이니 잘 하려니 하지만, 앞서 말한 대로 외부 변수가 많아서 쉽지가 않다. 실외 행사를 기획했는데 비나 눈이 오거나, 실내 행사를 기획했는데 날씨가 너무 좋아서 사람들이 교외로 가 버리는 일이 비일비재하다. 게다가 매우 큰 공간을 선택했는데 그곳을 채울 콘텐츠가 부족하거나, 오랫동안 소비자를 만나야겠다고 한 달 이상의 장소 대여를 했는데 일주일 후, 사람들이 오지 않는 경우도 왕왕 있다.

연간 마케팅 캘린더를 보고 우리 팝업스토어의 목적과 콘셉트에 맞는 시간과 장소를 초기 기획 단계부터 바로 찾아봐야 실패 확률을 줄일 수 있다. 핫한 성수는 팝업스토어를 할 장소들에 예약이 밀려 있다고도 한다. 요즘 팝업스토어들이 신당동이나 삼각지로 옮겨가는 이유는 일정 수립 때문이기도 하지만, 예상 가능한 장소에서 뻔한 이야기를 하고 싶지 않기 때문이기도 하다.

통신 업계는 주요 통신사 세 곳의 과점 시장이다 보니 과거에는 지원금 경쟁으로 고객 뺏어오기 전쟁이 일어나기도 했다. 하지만 최근에는 다양한 서비스와 혜택을 주고, 경험을 중시하는 소비자들의 소비 패턴 변화에 따라 통신 서비스 충성도를 높이기 위한 활동을 많이 하고 있다. 홍대에 가면 대형 삼성플라자와 SKT의 T팩토리, KT의 애드샵플러스, LGU+의

무너아지트 등이 모여있고 새로운 체험 공간에서 다양한 콘텐츠를 경험하게 하고 있다.

특히 홍대 앞에 있는 SKT T팩토리는 팬데믹 기간 동안 축제를 경험하지 못 했던 대학생들을 타깃으로 팝업스토어를 진행해 학생들의 뜨거운 호응을 받았다. 이 장소는 SKT의 장기 임대 건물이지만 수시로 다양한 이벤트를 열어 소비자를 맞이한다는 점에서 팝업스토어로 정의한다. 'T대학 우주 축제'라는 콘셉트로 T우주 상품을 알림과 동시에 협력회사

SKT는 T팩토리 공간에서 "T대학 우주 페스티벌"이라는 콘셉트를 내걸고 팬데믹 기간 대학생들의 축제를 대신 열어 코로나 스트레스와 학업 스트레스를 시원하게 날려주었다.

들과 진짜 축제를 하는 것과 같은 이벤트들을 만들었다. 파리바게트, 허닭, 사운드짐, 배스킨라빈스, 생활공작소 등과 협업하여 다양한 즐길 거리로 소비자와 소통을 이어 갔다. 시간과 장소의 선택, 타깃과 메시지 모두 매우 조화로운 콘셉트 기획과 실행을 보여 준 팝업스토어였다.

요즘은 팝업스토어만을 위한 공간들도 생기고 있다. 프로젝트 렌트는 성수를 비롯한 지역에 8개의 공간을 가지고 팝업스토어를 전문적으로 기획하고 장소를 대관한다. 큰 기업부터 작은 기업까지 어떤 형태나 규모에 따라 다르게 설계할 수 있다.

# 17

열일곱 번째,
## 실행에 필요한 예산을
## 적절히 분배한다

마케팅은 돈이 많이 든다. 돈이 안 드는 마케팅이 성공했다는 것은 천운이 따라 줘서 만든 상품이나 서비스가 입소문이 퍼지면서 큰 비용 없이 잘 팔리거나 이용자가 몰리는 경우밖에 없다. 하지만 세상에 존재하는 수많은 상품과 서비스의 이면에는 이를 뒷받침하는 마케팅 활동과 브랜딩 활동이 있다. 그렇기 때문에 천운으로 거저 먹는 경우는 거의 없다.

상품과 서비스의 경로는 매우 복잡하다. 과거 공급자 수가 적고 미디어의 영향력이 TV나 라디오 등 올드미디어에 집중되었을 때는 단선적이었다. 기술을 가진 공급자가 제품을 생산하고 유통 라인에 뿌리면 도소매로 연결되는 채널을 따라 소비자 앞까지 전달되고 소비되었다. 그러나 점점 공급자가 늘어나

184

면서 TV 광고나 신문·잡지 광고가 활발해지고, 소비자의 인지도나 선호도가 선택에 영향을 미치면서 마케팅 비용도 덩달아 오르게 되었다.

온라인이 시장에서 차지하는 비중이 커지면서 상품이나 서비스의 구매 여정은 더욱 복잡해졌다. 오프라인과 온라인의 모든 채널이 구매 의사 결정 접점에 자리 잡고 소비자의 결정에 영향을 주기 시작했다. 과거 입소문이라고 칭했던 오프라인 채널도 뉴미디어와 SNS 등을 통해 온라인으로 확산되면서 바이럴 마케팅이라고 명명되었다. 이렇다 보니 채널을 만들고 유지하는 활동에 더해, 타 미디어들까지 관리해 가면서 마케팅, 브랜딩 활동을 해야 하니 비용이 만만치 않게 들어가게 된 것이다. 물론 마케팅 비용의 비중을 마음껏 늘릴 수는 없다. 마케팅 비용의 증가는 가격 경쟁력에 영향을 미치기 때문이다. 그렇다고 마케팅 비중을 줄이면 고객의 선택지에 들어가지도 못 하는 경우가 발생할 수 있으니 꾸준한 마케팅 활동을 해서 소비자와의 관계를 가깝게 유지하도록 해야 한다.

팝업스토어는 이런 마케팅 활동의 집합체라고 할 수 있다. 이미 고객의 선택지에 들어가 있는 기업이나 브랜드는 그 범주 안에서 계속 머무르기 위해 수많은 프로모션과 이벤트, 그리고 커뮤니케이션 활동을 해야 한다. 그렇지 않은 브랜드는 소비자들에게 인지되고 그들이 고객이 되도록 끊임없는 활동을 해야 한다. 그래서 신생 기업이나 신규 브랜드에게 현재의 마케팅 시장은 진입하기가 매우 어려운 상황이다. 예산을 많이 들이지 않고 소비자 마인드에 정착하는 방법이란 머리에 땀나도록 고민하고 노력하는 것과 하늘이 도와주는 것뿐이다.

팝업스토어도 빈익빈 부익부가 그대로 반영되는 곳이다. 대형 기업들은 큰 장소에 많은 장치와 이벤트, 그리고 잘 훈련된 운영 요원들, 거기다 고퀄리티의 선물이나 시음 시식을 통해서 화려하게 꾸밀 수 있다. 작은 회사나 신생 브랜드에게 상상하기도 힘든 일이다. 하지만 작게 운영하더라도 어떻게 큰 경험을 제공할 수 있을지 고민해야 한다. 골리앗과 같이 싸우기 위해서는 몸집을 키우는 것도 중요하지만 몸집보다는 맷집과 상상력을 키우는 것이 더 효과적이다.

팝업스토어의 비용 구성 요소는 크게 네 가지 정도로 요약할 수 있다. 사전 인하우스의 기획이나 이에 들어가는 인건비, 판관비 등 기본 부대 비용은 제외하고 정리해 보면 ⑴사전·사후 홍보 비용, ⑵장소 대관료, ⑶공간 디스플레이 및 제작 비용, ⑷운영 비용 등으로 정리할 수 있다. 여기에 예비비 정도가 갖추어지면 되는데, 홍보비는 브랜드의 의지에 따라 달라지거나 사전에 계획된 비용에서 충당이 가능하다. 따로 홍보비는 전체 비용에서 별도로 생각하고 장소3:전시3:운영3:예비1 정도로 구성이 된다. 작은 팝업스토어라 하더라도 비용을 마음껏 조절할 수 있는 것은 아니다. 다만 어디에 더 방점을 찍어서 중점적으로 진행할 거 것인가에 따라 성격도 달라지고 소비자의 반응도 달라질 수 있으므로 잘 배분하는 지혜가 필요하다.

뷰티 브랜드 티슬로는 예술의전당에서 상업 팝업스토어를 열었고 작품 전시의 콘셉트를 통해 소비자를 만났다. 비용보다는 아이디어가 더 빛나는 공간이다.

## 18

## 열여덟 번째,
# 전사적 지원을 받는 곳에서
# 빛이 난다

팝업스토어는 짧은 시간 동안만 소비자에게 인사하는 시간이기 때문에 임팩트도 강해야 하고, 소비자의 호기심과 기대감을 충족시켜야 한다는 부담감을 가지고 있다. 마케팅 부서나 브랜드실 등이 있는 회사는 이런 부서들이 나서서 모든 일을 설계하고 기획할 것이다. 규모가 작은 회사들은 거의 한두명이 전담하거나, 혹은 마케터들이 기획과 다른 업무를 병행하며 많은 일을 처리한다. 의사 결정권이 실무자에게 있고, 최고 의사 결정자가 전폭적으로 지원하는 곳이라면 비용이 적게 책정되어 있다 하더라도 재밌는 실험성 팝업스토어를 진행하기도 한다. 문제는 중견 기업이나 대기업들의 팝업스토어다. 물론 비용이 많이 투입되는 대기업의 팝업스토어는 인지도도 높고 구경거리가 많아서 소기의 목적을 이루는 게 어렵지는 않다. 하지만 모두 그렇게 성공하는 것은 아니다. 예산을 많이 쏟아부어도 디테일이 부족하고 콘셉트가 모호하면 무엇보다도 빠른 소비자들의 입소문을 타고 관심 밖으로 밀려나게 마련이다. 전사적 지원이 잘 이루어지고 있는지 살펴보는 일은 쉽지는 않다. 다만 비용이 많이 들어간 외형과 임직원들의 준비 상태(대행사 포함), 그리고 소비자들의 반응을 보면 대략적으로나마 가늠할 수 있다.

우리의 상품이나 서비스를 가지고, 혹은 은유적인 발상으로 소비자를 한꺼번에 많이 초대하여 좋은 인상을 남기는 것은 쉬운 일이 아니다. 이럴 때 전사적 지원이 잘 되는지 여부가 한 끗 차이를 만든다. 너무나 성황리에 이벤트가 진행되어 인력이 부족한 경우가 발생한다면 유관 부서와 대행사의 참여만으로는 운영하기 어렵다. 이럴 때 회사에서 지원해 주어야 한다. 며칠 동안 진행하는 이벤트라면 실시간 의사 결정이 중요하다. 갑작스러운 비용 지출이 발생할 때일수록 의사 결정권자의 빠른 판단과 지원이 그 무엇보다 절실하다. 하지만 그저 평상시의 루틴한 업무처럼 취급하면 기획과 실행에 에너지가 부족하기 마련이다. 담당 부서가 대행사의 기획서에 미친듯이 달려들어 디테일한 실행 계획을 세우고, 현장에서 꼼꼼하게 고객의 여정을 살피며 지속적으로 개선하려 노력한다면 그래도 지켜볼 만하다. 하지만 항상 하던 일이라는 생각에 외부의 손에만 맡겨 두고 의사 결정도 빠르게 해 주지 않으면 성공을 달성하기가 어려워진다.

전사적 지원이 가능한 구조를 만드는 가장 확실한 방법은 최종 의사 결정권자가 관심을 가지고 지켜보는 것이다. 그가 이 이벤트에 관심을 가지라고 관심 표명만 해줘도 각 부서들은 뭘 도울지 고민하게 된다. 그러므로 임원이나 상급자의 적극적인 참여가 가능하도록 해야 한다. 결국 높은 사람들이 최종 의사 결정을 하기 때문에 그들이 적극적으로 참여해야 빠른 지원이 가능하다. 다만 유관 부서의 공을 뺏어가려고 하거나, 자기의 실적으로 만들고 싶어하며 뻔한 발 집어넣기나 꼰대짓을 하는 상급자나 임원이라면 나타나 주지 않는 게 도와주는 것이다.

각 부서는 팝업스토어에서 지원해 줘야 할 일을 미리 만들어 준비한다. 그래서 이런 행사가 회사 전반적인 비즈니스 모델에 어떤 영향을 주는지 현장에서 느끼게 한다. 이후에 사내에 관심을 끌 만한 베네핏을 제공하라. 마케팅팀은 비용을 집행하는 곳이기에 스태프 부서들에게 도움을 줄 일도 만들 수 있다. 스태프 부서 직원들은 현장에 나갈 일이 많지 않다. 주말 복잡한 시간에 초대해 주거나 행사 후에 남은 굿즈나 물품을 나눠 주는 것도 좋은 방법이다. 상품이나 서비스는 한 곳에서 만들어지지 않는다. 각 부서에서 정성을 들여 키운 부분을 조명해서 자연스럽게 참여를 이끌면 스태프 부서들도 자기 일이라고 생각하기 마련이다. 그래서 필요한 부분을 잘 협조해 주고 과정을 도와줄 자세로 전환된다. 따라서 팝업스토어를 전사적 이벤트로 부각시키고, 사전에 각 부서가 협조해 줘야 할 사항을 준비하고 인지시킨 후, 도움을 요청하는 일이 중요하다.

PROUD STORE!

19

열아홉 번째,
## 소비자와의 꾸준한 소통을 여는 창구, 채널 믹스

팝업스토어는 오프라인의 장소이지만 소비자들과 만나는 과정은 대부분 온라인이다. 기업이나 브랜드가 가진 채널, 그리고 페이스북이나 인스타그램 등 SNS를 잘 이용할 줄 알아야 한다. 그래야 소비자들과 꾸준히 관계를 맺고, 온라인 광고를 통해 브랜드를 널리 알려 소비자를 만날 수 있다. 물론 신문이나 잡지의 기사를 통해서도 만날 수 있지만, 요즘은 언론사 역시 디지털 채널을 이용해 대중들을 만나고 있기 때문이다.

팝업스토어가 열린다는 사실을 알리기 위해서는 전략적 접근이 필요하다. 큰 기업들은 가진 채널 종류가 다양하고 예산이 풍부해서 거의 전 채널을 활용하곤 한다. 그리고 최근에는 인스타그램에 팝업스토어 정보를 제공하는 전문 인스타그래머도 많아서 이를 활용하는 방법도 좋다. 기업에 연예인 광고 모델이 있거나 앰버서더로 활동하는 인플루언서가 있다면 가능한 모두 활용하는 것이 좋다. 이들을 통해 팝업스토어에 대한 관심을 모으고 방문자를 확실하게 늘릴 수 있다. 팝업스토어에 특별히 제공되는 사은품이나 굿즈를 함께 활용하면 오픈런을 기대할 수 있다. 하우스 도산이 어떤 캠페인을 진행할 때마다 방문자 수가 많은 이유는 그들의 모델이나 협업 브랜드의 모델이 글로벌 스타여서, 이들을 보러 오거나 이들의 콜라보 상품을 보려고 몰려들기 때문이다.

팝업스토어를 잘 꾸며 놓았다 해도 방문자 수가 적다면 이는 사전 채널 믹스를 통해 팝업스토어를 제대로 널리 알리지 않은 결과로 봐도 무방하다. 채널을 잘 활용하는 것은 사실 부차적인 일이다. 제일 중요한 것은 채널의 메시지를 통해 소비자들에게 어떤 기대감을 심어 주고 방문하게 만들지를 정하는 것이다. 굳이 채널에 많은 신경을 쓰지 않아도 되는 경우가 아니라면 채널을 잘 선정하고 어떤 콘텐츠를 실어서 소비자의 호기심을 자극할지가 관건이다. 이런 소비자들의 관심은 어느 날 갑자기 느는 것이 아니다. 브랜드 채널에 꾸준히 투자해서 팔로우를 잘 늘려 놓는 것도 팝업스토어가 시작되는 날, 많은 방문자를 만들게 한다.

팝업스토어의 성격에 따라 채널 믹스를 어떻게 구성할지 고려해야 한다. 채널 믹스란 기업이 캠페인 목표와 타깃에 적합한 채널을 조합하는 것이다. 이미 고객이 된 소비자들을 모시는 경우라면 기존 스토어 단골 고객이나 SNS 채널 팔로워들에게만 알려도 충분히 소기의 성과를 만들 수 있다. 하지만 신상품 출시 소식을 널리 알리고 싶거나 인지도 향상이 필요한 팝업스토어는 이목을 집중시킬 만한 이슈나 이벤트

엠넷에서 진행한 스맨파(스트리트 맨 파이터) 팝업 스토어가 성수 오우드라는 카페에서 진행되었다. 본인들의 채널과 출연자들의 채널 등을 통해서 팬들이 찾아오는 전략을 활용한다.

를 만들어야 한다. 한 명품 온라인 쇼핑몰은 성수에 팝업스토어를 열고 매일 한 명씩 명품을 제공하는 이벤트를 진행해서 한동안 사람들이 줄서서 기다리는 장면을 만들기도 했다. 이런 이벤트는 쉽게 바이럴이 되고 당첨자의 포스팅과 브랜드 채널에 올리는 것으로도 충분하다. 낯선 브랜드나 기업이라면 기존 인지도가 높은 브랜드나 기업과 협업을 하여 해당 브랜드의 채널을 활용하는 것도 좋은 방법이다.

예산이 풍부하다면 유료 광고를 통해 많이 알리면 좋지만 그렇지 않을수록 참신한 아이디어가 필요한 것이 팝업스토어에 필요한 채널 전략이다. 기존 채널이 없거나 예산이 넉넉치 않다면 팝업스토어 장소를 활용해서 소비자를 모으는 방법이 있다. 성수에는 많은 팝업스토어 전문 장소들이 많은데 그들이

운영하는 채널들도 많이 활성화되어 있다. 에스팩토리나 프로젝트 렌트 등 팝업 장소를 제공하거나 운영을 대행하는 회사들의 네트워크를 활용하는 것도 좋은 방법이다.

기획 단계에서부터 디데이를 기준으로 언제부터, 누구에게, 어떤 방법으로 적절한 메시지를 보낼지 전략적인 판단을 해야 팝업스토어 운영 기간 동안의 방문자 수를 담보할 수 있다.

채널 믹스를 최적화하기 위해서는 온드미디어, 언드미디어, 페이드미디어를 어떻게 사용할지에 대한 계획이 필요하다. 비용이 넉넉해 페이드미디어를 활용한다면 최대한 노출을 일으킬 수 있다. 이를 온드미디어, 언드미디어를 통해 확산·재확산이 일어날 수 있도록 트리거를 잘 설치해야 한다. 팬덤이 존재한다면 팬덤 커뮤니티를, 제품의 종류에 따라 전문 블로거와 커뮤니티를 활용하는 것도 좋다. 대부분 브랜드들이 MZ세대들을 대상으로 하니 이들이 정보를 수집하는 채널이나 뉴스레터를 활용하는 것도 좋다. 배짱이(배달의민족), 캐릿(대학내일), 까탈로그(디에디트) 같은 뉴스레터에 광고를 한다면 일반 광고보다 비용 대비 효과가 나을 가능성이 높다. 취향을 자극하는 채널 믹스와 커뮤니케이션 메시지가 중요하다. 호불호가 강할 수 있으니 브랜드에 호감을 가진 소비자들이 와서 좋은 이미지를 받고 입소문이 나게 하는 것이 중요하다.

오프라인에서 전파되는 방법도 강구해야 한다. 상시 스토어 혹은 상품이나 서비스가 이동하는 오프라인 마케팅 경로에서 소비자의 관심을 끌 수 있는 POS나 팝업 메시지 등을 통해 전방위적으로 커뮤니케이션을 해야 한다. 버스 랩핑이나 일반 버스 광고, 택시 광고, 자전거나 셔틀 차량 등을 통해서도 확산이 가능하다.

기존 고객과 신규 고객을 구분할 필요가 있는 경우, 기존 멤버십이나 회원은 기존 루트의 미디어를 통해 우대 혜택 등과 함께 커뮤니케이션하자. 신규 고객을 모으는 것이 핵심이라면 최대한 참신한 후킹 메시지와 경제적 혜택을 제시하는 것도 좋다.

# Epilogue :
# 공간은 사람이다

사람에게 공간은 어떤 의미일까? 원시 시대 우리 조상들은 벼락과 천둥을 피해서, 생명을 위협하는 동물의 공격을 막기 위해 동굴에서부터 움막까지 나를 보호하는 공간을 만들어 왔다. 지역별 환경에 따라 다른 재료들을 이용하여 각 민족의 건축 양식을 이어 왔다. 이제는 전 세계가 어느 정도 통일된 공간 환경을 가지고 있다. 하지만 여전히 그 공간 안에 사는 이들은 저마다 다른 언어를 사용하고 각자의 문화에 따라 각자의 삶을 영위한다.

그 안에서 먹고, 자고, 씻는 생존을 영위하는 일뿐만 아니라 인테리어를 하고, 사진을 걸고, 가구를 배치하고, 장식하는 등 모든 삶의 행위가 이루어진다. 일하는 공간도 시대에 따라 변해 갔고, 이제는 공간을 소유하지 않고 타인과 공유하기도 한다. 네트워크 시대에 돌입한 이후에는 유비쿼터스(Ubiquitous, 어디서나 접속 가능한 정보통신 환경)라는 말처럼 언제 어디서나 사람들이 모이고, 회의하고, 일하는 모습을 볼 수 있었다. 팬데믹 이후에 재택근무가 대세가 되었고 이제는 일과 삶의 모습이 새로운 국면에 접어들었다. 이렇듯 시대와 삶의 모습이 변하고 공간의 모습이 변했지만, 그 안에서도 변하지 않는 것이 있다. 사람들은 살아가는 동안 공간을 이용하고, 공간을 꾸미고, 공간을 통해 자신을 표현하고, 공간에서 문화를 공유한다는 점이다.

이제 공간은 물리적 정의보다는 철학적 정의가 더 중요해졌다. 그 공간이 어떤 역사를 가지고 있고 그곳에서 어떤 이야기가 펼쳐질지, 누가 그곳을 이용하며, 어떻게 만드는지에 따라 공간도 사람처럼 제 나름의 정체성을 갖기 시작했다. 그래서 공간은 사람을 닮아 가 그 사람의 모습을 그려 낸다.

팝업스토어는 시장의 대세가 되어 우리 곁에 봇물처럼 쏟아지고 있다. 사람들이 긴 역사를 통해 몸 안에 저장해 온 공간 DNA는 공간 속에서 보호와 위로를 받길 원한다. 그런 원초적인 목적에 더해 공간의 쓰임새를 정의할 수 있어야 소비자에게 관심을 받고 성공하는 팝업스토어가 된다.

공간을 정의하는 자는 공급자라는 이름을 가지고 있고, 그 정의를 받아들이는 자는 소비자라는 이름을 가지고 있다. 공급자와 소비자의 기대는 공간의 성격에 따라 다르다. 이 다름을 이해하지 못하고 물리적 공간에 물리적 요소를 채우는 것으로 단순하게 공간을 이해한다면 그 공간에는 별 의미가 없다. 앞으로 공급자는 공간 속에서 무엇을 느끼게 할 것인지 고민하여 소비자가 원하는 것을 채워야 한다.

수년간 팝업스토어를 돌아다니며 잘 되는 곳도 보고, 기대에 미치지 못하는 곳들도 봐 왔다. 그동안 방문했던 브랜드 공간 수십 곳을 정리하면서 팝업스토어의 진정한 역할에 대해서 고민해 보았다. 결국 팝업스토어도 공간의 힘을 부리는 사람들의 정성과 노력임을 다시금 깨닫게 되었다.

이 글들이 팝업스토어처럼 사라지지 않고 팝업스토어를 찾고 준비하는 사람들에게 공간의 의미를 한번 되돌아 보길 바라며 공간은 결국 사람임을 되새긴다.


2023년의 팝업스토어 기록을 마무리하며
조명광

# 잘 팔리는 팝업스토어의 19가지 법칙

초판 1쇄 발행 2023년 12월 6일

지은이 조명광
펴낸이 박영미
펴낸곳 포르체

책임편집 김성아
마케팅 김채원, 정은주
디자인 황규성

출판신고 2020년 7월 20일 제2020-000103호
전화 02-6083-0128 | 팩스 02-6008-0126
이메일 porchetogo@gmail.com
포스트 https://m.post.naver.com/porche_book
인스타그램 www.instagram.com/porche_book

ⓒ 조명광(저작권자와 맺은 특약에 따라 검인을 생략합니다.)
ISBN 979-11-93584-07-1 (03320)

여러분의 소중한 원고를 보내주세요.
porchetogo@gmail.com